Lieblingsplätze rund um den Vierwaldstättersee

GMEINER

MELANIE GERBER

Aus Gründen der Lesbarkeit und Sprachästhetik wird in diesem Buch das generische Maskulinum verwendet. Mit der grammatischen Form sind ausdrücklich weibliche sowie alle anderen Geschlechtsidentitäten berücksichtigt, insofern dies durch den Kontext geboten ist.

Für das Buch wurden QR-Codes generiert, die zu den Websites der Lieblingsplätze führen. Um sie zu nutzen, öffnen Sie die Kamera-App Ihres Endgeräts und richten den Rahmen für circa drei Sekunden auf den Code. Daraufhin erscheint eine Benachrichtigung. Sollte dies nicht passieren, müssen Sie ggf. das Scannen in den Einstellungen Ihres Gerätes erst aktivieren. Wenn diese Option nicht verfügbar ist, können Sie einen QR-Code-Reader von Drittanbietern in Ihrem App-Store kostenfrei herunterladen.

Alle Informationen wurden geprüft. Gleichwohl verändern sich Gegebenheiten, daher erfolgen alle Angaben ohne Gewähr. Sollte bei einem QR-Code ein Fehler angezeigt werden, sind wir für eine Nachricht dankbar. Auch über Ihr Feedback zum Buch freuen sich Autorin, Autoren und Verlag: lieblingsplaetze@gmeiner-verlag.de.

Sofern nicht im Folgenden gelistet, stammen alle Bilder von Melanie Gerber: Luzern Tourismus/Laila Bosco 10; ©Gletschergarten Luzern 14; Bourbaki Panorama Luzern/Foto: Natalie Boo/AURA 16; Hotel Vitznauerhof 30; Peter Schulthess 32; Bruno Muff/Haldihof 34; InterlakenTourismus 48; Glaserei Hergiswil 70; Nidwaldner Museum Stans/Foto: Christian Hartmann 72; Kanuwelt Buochs 80; Luzern Tourismus 86; markreisen@rhone.ch 102; Angel Sanchez 104, 110; Christian Perret 126; Adventure Point 132; Stefan Zürrer 134; Michael Meusburger 140; Stoos Muotatal Tourismus 142; Rigi Bahnen 146, 148; Natur- und Tierpark Goldau 150; Einsiedeln-Ybrig-Zürichsee AG 152; Ägeribad 158; Pixabay License/MPMPix 164; Treichler 166

Besuchen Sie uns im Internet: www.gmeiner-verlag.de

1. Auflage 2024

Im Ehnried 5, 88605 Meßkirch
Telefon 07575/2095-0
info@gmeiner-verlag.de

QR-Code einscannen und kostenloses E-Book anfordern.

Lektorat/Redaktion: Ricarda Dück
Herstellung: Julia Franze
Bildbearbeitung/Umschlaggestaltung: Susanne Lutz
unter Verwendung der Illustrationen von © SimpLine, Sylwia Nowik, nicknik, Ljupco Smokovski, compuinfoto, PremiumGraphicDesign, Arcady – stock.adobe.com; © Susanne Lutz
Kartendesign: © printmaps.net
Druck: AZ Druck und Datentechnik GmbH, Kempten
Printed in Germany
ISBN 978-3-8392-0626-3

Obwalden und Nidwalden

Uri

Schwyz und Zug

Im Herzen der Schweiz

Eine Liebeserklärung

Meine Verbindung zum Vierwaldstättersee ist eine Liebesgeschichte. Das wusste ich aber lange nicht. Als Kind liebte ich es, in Luzern im Verkehrshaus Post hin- und herzuschicken, mit meiner Familie stieg ich auf den Grossen Mythen, dessen Silhouette ich auch heute gerne von nah und fern betrachte, und ich hätte am liebsten eine Wildkatze aus dem Tierpark Goldau mit nach Hause genommen. Als junge Erwachsene wanderte ich auf dem Jakobsweg über Einsiedeln und Brunnen nach Stans, Flüeli-Ranft und weiter zum Brünig. Die sich ständig verändernde Landschaft faszinierte mich, die mäandernden Seen, markanten Berge, die Dialekte, die sich nach und nach wandelten und die ich bis heute so gerne höre. Ohne es zu wissen, schuf ich damals schon die Grundlage für die Lieblingsplätze, die ich Ihnen in diesem Buch vorstellen darf.

Die eigentliche Liebesgeschichte begann aber mit meinem Umzug in die Zentralschweiz. Vier Jahre lebte ich in Zug und sah jeden Tag die Rigi. Plötzlich wurden Luzern, Stans und Sarnen die Orte, an denen ich meine Freizeit verbrachte. Ich entdeckte malerische Gassen, Cafés, Museen und immer wieder ein Stück faszinierender Vergangenheit. Einheimische verrieten mir ihre Geheimtipps und ich machte mich auf die Suche nach meinen eigenen. Ich werde nie vergessen, wie ich trotz Höhenangst auf dem Dach der Cabrio-Bahn auf das Stanserhorn fuhr, wie berührt ich beim Anblick des »Bourbaki Panoramas« in Luzern war, wie ich Berge und Seen und die schönsten Aussichten förmlich aufsog, in die lustigsten Bahnen stieg und wie glücklich ich mich schätzte, dass ich in so einer schönen Umgebung leben durfte.

Für mich ist die Region rund um den Vierwaldstättersee so vielfältig, so verwinkelt wie keine andere, ein bisschen mystisch und manchmal sogar ein bisschen geheimnisvoll. Nicht umsonst zieht der Vierwaldstättersee seit dem Boom des Tourismus im 19. Jahrhundert Jahr für Jahr viele Gäste an. Ich bin mir sicher, dass sie alle ihre eigene Liebesgeschichte mit dem Vierwaldstättersee verbinden. Ich persönlich fand es schwierig, mich auf eine bestimmte Anzahl an Lieblingsplätzen festzulegen. Am Ende habe ich mich für eine Mischung aus beliebten Attraktionen, versteckten Ecken und Orten abseits der Massen entschieden.

Ausgehend von der Stadt Luzern, in der neben der Kapellbrücke, dem Wahrzeichen der Stadt, auch Museen, ein Stück Tourismusgeschichte und Ausflüge für Familien vorgestellt werden, geht es anschliessend den See entlang über Weggis, Vitznau und die Rigi bis ins Seenland und das Napfgebiet. In Ob- und Nidwalden folgen wir vom Pilatus aus dem Vierwaldstättersee bis zum Sarnersee und Lungernsee und kehren über den Mittelpunkt der Schweiz nach Stans zurück. In Uri entdecken wir die Geburtsstätte der Schweiz und den Gründungsmythos, reisen um den Urnersee bis zum Gotthard und über den Urnerboden wieder nach Schwyz. Dort unternehmen wir am und abseits des Vierwaldstättersees abenteuerliche und kulinarische Ausflüge und gelangen schliesslich über Morgarten bis zum Zugersee. Von hier aus ist es nur ein Katzensprung nach Luzern, unserem Ausgangspunkt. Alle Trips lassen sich als Tagestouren machen, sie können auch untereinander kombiniert werden. Und wer länger in der Region verweilen möchte, sucht sich am besten eine der unzähligen Übernachtungsmöglichkeiten und reist von Lieblingsplatz zu Lieblingsplatz.

Meine Verbindung zum Vierwaldstättersee ist definitiv eine Liebesgeschichte, das weiss ich jetzt. Ihnen wünsche ich, dass Sie bei dem Besuch meiner Lieblingsplätze diese auch zu den Ihren machen und Ihre eigenen kleinen und grossen Liebesgeschichten erleben. Mögen auch Sie Ihr Herz an die Zentralschweiz verlieren. Sollten Sie dies nicht schon längst getan haben. Viel Spass dabei!

Melanie Gerber

Wussten Sie, dass die drei Urkantone Uri, Schwyz und Unterwalden sowie Luzern und Zug für kurze Zeit zusammen den Kanton Waldstätten bildeten, lange nachdem der See bereits seinen Namen trug?

Kapellbrücke
CH-6002 Luzern

St. Peterskapelle
Kapellplatz 1a
CH-6004 Luzern
+41 41 2299050

1 Das Wahrzeichen der Stadt
Kapellbrücke

Sie ist aus Luzern nicht wegzudenken: die Kapellbrücke. Doch beinahe hätte die Stadt ohne sie auskommen müssen. Infolge von Landaufschüttungen wurde sie im 19. Jahrhundert einige Male gekürzt. In der Nacht auf den 18. August 1993 zerstörte dann ein Brand das spätmittelalterliche Bauwerk weitestgehend. Doch in nur acht Monaten wurde der vernichtete Teil rekonstruiert, und so konnte die Kapellbrücke bereits im April 1994 wieder eröffnet werden. Bis heute ist sie mit ihren malerischen Ausblicken auf die Stadt ein beliebtes Touristenziel.

Die Kapellbrücke wurde um 1360 ursprünglich mit 279 Metern Länge gebaut und ist damit die älteste noch bestehende Holzbrücke Europas. Sie war in ihren jungen Jahren Teil der Stadtbefestigung Richtung See hin und führt über die Reuss am Wasserturm vorbei. Dieser wurde bereits einige Jahrzehnte früher errichtet und fungierte zunächst als Beobachtungsposten, später auch als Archiv, Schatzkammer und sogar Gefängnis.

Heute verbindet der hölzerne Steg auf einer Länge von 205 Metern das Luzerner Theater mit der St. Peterskapelle am Rathausquai. Ein Spaziergang über die Kapellbrücke gehört zu jedem Aufenthalt in Luzern dazu. Sie ist vom Bahnhof aus in wenigen Gehminuten zu erreichen und liegt auf dem Weg in die Altstadt.

1993 fielen auch einige der ursprünglich 158 Gemälde im Giebeldach der Brücke den Flammen zum Opfer. Glücklicherweise waren im Jahr zuvor alle Dreiecksbilder professionell fotografiert worden, sodass sie auf diese Weise das Unglück überstanden. Noch immer kann man einen Teil des Bilderzyklus aus dem 17. Jahrhundert beim Gang über die Brücke betrachten. Er zeigt nicht nur Szenen aus der Luzerner und Schweizer Geschichte, sondern erzählt auch von den Stadtheiligen Leodegar und Mauritius.

Die Namensgeberin der Kapellbrücke, die St. Peterskappelle, ist die älteste Kirche Luzerns. Umso erstaunlicher ist die moderne Inneneinrichtung im Ruhepol der Luzerner Altstadt.

Planetarium im Verkehrshaus der Schweiz
Haldenstrasse 44
CH-6006 Luzern
+41 41 3757575

Strandbad Lido Luzern
Lidostrasse 6a
CH-6006 Luzern
+41 41 3703806

2 Die grösste Leinwand der Schweiz

Planetarium im Verkehrshaus

Die Anreise zum Verkehrshaus lässt sich abenteuerlich gestalten. Wer nicht per Bus, Bahn oder Auto hinfährt, nimmt das Schiff. Das Museum macht seinem Namen alle Ehre und zeigt alte Lokomotiven und Seilbahngondeln, Schiffe, Flugzeuge und allerlei Exponate zum Thema Verkehr und Kommunikation. Kinder werden zum Mitmachen eingeladen, steuern einen Zug, fahren Motorrad oder Draisine, verschicken Post und lernen sogar den Morsecode.

Das Museum beherbergt neben einer ausführlichen Ausstellung rund um die Geschichte der Raumfahrt auch ein Planetarium mit einer riesigen Leinwand. Wer sich auf einen eindrücklichen Ausflug zu den Sternen machen möchte, ist hier genau richtig. Auf die Kuppel des Planetariums werden Shows projiziert, alles aufwendige Produktionen, die auf der Grossleinwand begeistern. Zurücklehnen und geniessen!

Besonders empfehlenswert ist die Liveshow, in der man aus dem Verkehrshaus hinaus ins Weltall reist und aktuell sichtbare Planeten und Sternenkonstellationen entdeckt. Was sieht man von Luzern aus, wenn man ein unglaublich starkes Teleskop hat? Rund 45 Minuten dauert diese Expedition, in der Expertenwissen auf unterhaltsame Art vermittelt wird und das Publikum Fragen stellen darf.

Wollten Sie schon immer mal wissen, wie Astronauten in der Internationalen Raumstation leben? Dann besuchen Sie die entsprechende Show im Planetarium oder schauen Sie sich die Nachbildung der Raumstation in der Ausstellung an. Dort werden Sie sogar eine Toilette finden. Aber nicht benutzen!

Das Planetarium kann unabhängig von der Ausstellung im Verkehrshaus oder in Kombination damit besucht werden. Für die Besichtigung des Museums empfiehlt es sich auf jeden Fall, genug Zeit einzuplanen.

Gleich gegenüber bietet das Lido Luzern in den Sommermonaten Badespass mit Blick auf die Berge. Ein Sandstrand und Liegewiesen laden zum Ausruhen, der Vierwaldstättersee zum Schwimmen ein.

Gletschergarten Luzern
Denkmalstrasse 4
CH-6006 Luzern
+41 41 4104340
Löwendenkmal
Denkmalstrasse 4
CH-6002 Luzern
+41 41 2271717

3 Durch die Spiegel und die Zeit

Gletschergarten

Seit über 150 Jahren kann man mitten in der Stadt Luzern Gletschertöpfe, Zeugen der letzten Eiszeit, besichtigen. Ursprünglich sollte dort, wo heute der Gletschergarten ist, ein Weinkeller entstehen. Beim Aushub im Sandstein entdeckte Josef Wilhelm Amrein-Troller jedoch Gletschertöpfe und so eröffnete er 1873 ein Museum, das in den Folgejahren immer wieder um kuriose Ausstellungsstücke erweitert werden sollte, die die Familie Amrein ansammelte, darunter Möbel, Einrichtungsgegenstände, der Stosszahn eines Mammuts oder die Knochen eines Höhlenbären.

Neben wechselnden Sonderausstellungen im Museumsgebäude und einem grossen Landschaftsrelief der Urschweiz aus dem 18. Jahrhundert zeigt der Gletschergarten einiges über die Zeit, als in Luzern subtropisches Klima herrschte und es Palmenstrände und allerlei Wasservögel gab, sowie über die Eiszeiten, als riesige Gletscher die Schweiz bedeckten.

Noch nicht lange gibt es die Felsenwelt, in der man durch ein Eingangsportal in die verschiedenen erdgeschichtlichen Epochen eintaucht, die der hiesige Fels durchlebt hat. Hier weist jeder Raum auf eine andere Periode hin, vom Meeresstrand in Luzern über die Entstehung des Alpengebirges bis zur Eiszeit, die diesem seine Form gab.

Exotisch wird es im Spiegellabyrinth. Es wurde der Alhambra von Granada nachempfunden und ursprünglich für die Landesausstellung 1896 in Genf erstellt. Drei Jahre später zog es ins Museum des Gletschergartens und fasziniert bis heute die Besucher. Das Labyrinth besteht aus 51 Spiegeln, die aus dem Saal einen maurischen Palast machen. Die perfekte Gelegenheit, um lustige Fotos von unzähligen Versionen seiner selbst zu machen.

Zehn mal sechs Meter gross ist der schlafende Löwe in der Felsgrotte. In der Parkanlage beim Löwendenkmal weisen Tafeln auf den Tuileriensturm in Paris von 1792 hin, bei dem Schweizergardisten fielen.

Bourbaki Panorama
Löwenplatz 11
CH-6004 Luzern
+41 41 4123030

Alpineum Luzern
Denkmalstrasse 11
CH-6006 Luzern
+41 41 4106266

4 Historisches im Grossformat

Bourbaki Panorama

In der zweiten Hälfte des 19. Jahrhunderts entwickelte sich in Luzern der Tourismus zu einem wichtigen Wirtschaftszweig. Die Museen und Ausstellungen in der Luzerner Innenstadt, die ab 1870 entstanden, sind Zeugnisse davon. Dazu gehört auch das »Bourbaki Panorama«, ein riesiges 360-Grad-Gemälde, das in einem speziell dafür erbauten Gebäude der Öffentlichkeit zugänglich gemacht wurde.

Dieses Kunstwerk, 1881 von Édouard Castres aus Genf gemalt, zeigt Szenen aus dem Deutsch-Französischen Krieg, als gegen Kriegsende im Winter 1871 etwa 87.000 französische Soldaten der Bourbaki-Armee Zuflucht in der Schweiz suchten. Es veranschaulicht die Grausamkeit des Krieges und klagt diese an. Durch die besondere Form des Panoramas werden die Besucher Teil der Szenerie: Sie stehen mitten im runden Raum, ähnlich einem Besuch im Grossleinwandkino, und können die Szenen auf 10 mal 112 Metern um sich herum betrachten.

Der Vergleich mit einem Kinobesuch kommt nicht von ungefähr. Das Panorama als Kunstform bestand zur damaligen Zeit bereits seit beinahe 100 Jahren. Landschaftsszenen wurden in Rundbildern dargestellt, als ob der Betrachter sich mittendrin befinden würde. Der Trend verbreitete sich von Schottland über Frankreich bis in die Schweiz. Einen Aufschwung erlebte die Panorama-Malerei mit dem Deutsch-Französischen Krieg, als erstmals riesige Schlachten abgebildet wurden. Ziel der Panoramen war es, den Besuchern eine visuelle Reise einerseits an Orte zu ermöglichen, die mit dem aufkommenden Tourismus vielleicht bereits bereist wurden, andererseits aber auch an historische Schauplätze. Aus dieser Perspektive ist die Panorama-Malerei ein Vorläufer des Kinos.

Wer von dieser runden Faszination noch nicht genug bekommen hat, schaut sich von April bis Oktober das 3-D-Alpen-Diorama im Alpineum an und taucht dabei mittels dreidimensional gestalteter Gemälde in die Schweizer Bergwelt um 1900 ein.

Foxtrail durch Luzern zur Museggmauer
Startpunkt:
Bahnhof Luzern
Zentralstrasse 1
CH-6003 Luzern
+41 58 5107400
Kulturhof Hinter Musegg
Diebold-Schilling-
Strasse 13
CH-6004 Luzern
+41 77 5005648 (Hofbeiz)

5 Schnitzeljagd durch die Stadt

Foxtrail zur Museggmauer

»Zeus« heisst einer der Foxtrails, die durch die Stadt Luzern führen. Gebucht wird er online und zur gewählten Startzeit geht es los. Man sollte mindestens zu zweit sein, damit alle Posten gelöst werden können. Natürlich macht das Rätseln aber auch in einer grösseren Gruppe Spass.

Das Abenteuer durch Luzern beginnt beim Bahnhof. Ist ein Rätsel geknackt, gibt es einen Hinweis auf das nächste. Abwechslungsreich und spannend sind die Aufgaben, die es zu erledigen gilt. Viele Strecken werden zu Fuss zurückgelegt, zwischendurch begibt man sich auf Fahrten mit öffentlichen Verkehrsmitteln. Mal braucht es Geschicklichkeit, mal guten Grips, mal muss man genau hinschauen und entdeckt kleine Details, auf die man sonst nicht geachtet hätte.

Drei bis vier Stunden sollte man für die Schnitzeljagd durch Luzern mindestens einrechnen. Bequeme Schuhe sind auf jeden Fall zu empfehlen, denn man geht, beinahe ohne es zu merken, insgesamt einige Kilometer von Rätsel zu Rätsel. Dabei kommt man an bekannten Luzerner Sehenswürdigkeiten vorbei, für die man sich am besten beim nächsten Besuch etwas Zeit nimmt.

Es lohnt sich dennoch, unterwegs eine Pause zu machen. Besonders eignet sich dazu die Museggmauer, die etwas erhöht an der Altstadt entlangführt. Sie gehört, genau wie die Kapellbrücke, zur spätmittelalterlichen Befestigung der Stadt. Die Museggmauer ist 870 Meter lang, neun ihrer Wachtürme aus dem 13. Jahrhundert sind noch erhalten. Von März bis November kann das Bauwerk begangen werden. Aber auch das Musegg-Quartier ist einen Besuch wert. Umso schöner, dass der Foxtrail dort vorbeiführt und eine herrliche Aussicht auf die Altstadt und den Vierwaldstättersee bereithält.

Wer unterwegs Durst bekommt, macht Rast beim Kulturhof Hinter Musegg. In der Hofbeiz gibt es Kaffee und hofeigenes Museggbier. In der Zwischenzeit besuchen die Kinder die Tiere auf dem Hof.

Restaurant Mill'feuille
Mühlenplatz 6
CH-6004 Luzern
+41 41 4101092

Nadelwehr
Reusssteg
CH-6003 Luzern

Schlemmen direkt an der Reuss

Restaurant Mill'feuille

Perfekt gelegen ist es, das Mill'feuille, das sowohl Restaurant als auch Bar, Café und Treffpunkt ist. Hier kann man sich gut die Zeit vertreiben, denn neben bequemen Sitzecken und einer unvergleichlichen Aussicht auf die Reuss und das nahe gelegene Nadelwehr findet man genug Lesestoff in Form von Zeitungen. Zum Verweilen lädt speziell das Frühstück ein. Das gibt es am Wochenende sogar den ganzen Tag. Besonders empfehlenswert ist die hausgemachte Limonade. Und eine Reservation, denn der beliebte Treffpunkt ist oft rappelvoll.

Am Mühlenplatz hat das Mill'feuille seinen Platz gefunden. Es belebt die Altstadt, ohne allzu touristisch zu sein. Stattdessen mischt man sich unter Einheimische und Passanten und geniesst Produkte aus der Region. Eigentlich der perfekte Ort für berühmte Autoren, um im Wintergarten über dem nächsten Werk zu brüten. Zwischen den Gruppen und dem fröhlichen Stimmengewirr gehen sie beinahe unter.

Der Mühlenplatz ist der grösste Platz in der Luzerner Altstadt und entstand bereits im Spätmittelalter. Als er 2008 saniert werden sollte, stiess man im Rahmen archäologischer Grabungsarbeiten auf Funde, die belegten, dass der Platz um 1500 bewusst angelegt worden war. Eine ganze Häuserzeile aus Holzbauten musste diesem Unterfangen weichen. Bis dahin waren in dieser Gegend die Stadtmühlen angesiedelt. Vor allem Bäcker sollen im Quartier gewohnt und gearbeitet haben. Die Ausgrabungen zeigten, dass es alleine am Mühlenplatz fünf Bäckereien gab. Davon ist heute nichts mehr zu sehen. Dafür gibt es Lachsbagel, Laugensemmel und Croissant im Mill'feuille.

Das Reusswehr diente früher dazu, mehr Wasser zu den städtischen Mühlen zu leiten. Heute soll es vor allem vor Hochwasser schützen. Der perfekte Ort, um eindrucksvolle Fotos von der Altstadt zu schiessen.

Spielmuseum Gameorama
Hirschengraben 41
CH-6003 Luzern
+41 41 5417609

Gütschbahn
Baselstrasse 21a
CH-6003 Luzern
+41 41 2891414

7 Ein interaktives Erlebnis

Gameorama Spielmuseum

Spieleliebhaber aufgepasst! Ein Rundumpaket an unbeschwertem Freizeitvergnügen bietet das Gameorama am Luzerner Hirschengraben: Es ist sowohl interaktives Museum mit Brettspielen, Flipperkästen und alten Konsolen als auch Brettspielcafé, wo über 600 verschiedene Spiele ausprobiert werden können.

Das Konzept entstand als Vorschlag für die Zwischennutzung des Konservatoriums im Dreilindenpark. Das Projekt »Zauberschloss« kam zwar in die Endrunde, die Zwischennutzung wurde allerdings anderweitig vergeben. Davon liessen sich die Initianten nicht entmutigen und eröffneten im Juni 2020 das Gameorama am Hirschengraben.

Eine kurze Geschichte des Spielens ergänzt die Ausstellung. Diese beginnt mit *Senet*, das bereits 3100 vor Christus in Ägypten verbreitet war und *Backgammon* nicht unähnlich ist. Die Bandbreite reicht von bekannten und weniger bekannten Spielen bis zum sehr komplexen *Gloomhaven*, das sich heute grosser Beliebtheit erfreut. Flipper-Liebhaber werden sich an den Exponaten aus verschiedenen Jahrzehnten des 20. Jahrhunderts erfreuen, während ein Stück weiter *Arcades* für die Besucher bereitstehen. Nach den Computern, Konsolen und sogar Pubspielen eröffnet sich die Welt der Brettspiele, bis man schliesslich in den Thronraum gelangt.

Neben der Dauerausstellung sind auch wechselnde Sonderausstellungen zu verschiedenen Themen zu sehen, in Escape-Räumen werden Keksrezepte gesucht oder es wird dem Spuk beim Friedhof auf den Grund gegangen, und im Brettspielcafé finden regelmässig Pokerturniere und andere Veranstaltungen statt. Sogar die Getränke im Café sind auf das Publikum ausgerichtet: Da gönnt man sich einen »Lara Soft« oder einen »Hack Man«.

Mit der Gütschbahn geht es in eineinhalb Minuten zum Château Gütsch und einer imposanten Aussicht auf das Seebecken. Durch den Wald erreicht man die Gütsch-Hütte mit Grill- und Picknickplatz.

Neubad
Bireggstrasse 36
CH-6003 Luzern
+41 41 3606066

Strandbad Aufschütte – Ufschötti
Alpenquai
CH-6005 Luzern

8 Kulinarik und Kultur im Pool

Neubad

Kultur im Schwimmbecken? Das gibt es im städtischen Hallenbad Biregg, das in den 1960er-Jahren gebaut und 2012 nach über 40 Jahren für den Schwimmbetrieb geschlossen wurde. Im ehemaligen Pool befindet sich eine Bühne, wo früher die Umkleidekabinen waren, fühlen sich heute Künstler in Atelierräumen wohl, und im einstigen Kinderschwimmbecken sind Coworking-Spaces eingerichtet. Im Eingangsbereich empfängt das Neubad-Bistro Gäste.

Das Bistro versteht sich als Quartiertreffpunkt. Bunte Wimpel zieren den Aussenbereich, Fahrräder werden beim Unterstand neben dem Spielplatz geparkt und dazwischen gedeiht eine grüne Oase in Hochbeeten und Töpfen. Es gibt neben täglich wechselnden Mittagsmenüs auch Snacks und Getränke. Vegetarische und vegane Gerichte stehen ebenso auf der Karte wie Biofleisch aus der Region oder Hafermilch für den Kaffee.

Im Neubad finden regelmässig Kinoveranstaltungen, Podiumsdiskussionen, Festivals, Konzerte und Flohmärkte statt. Künstler aus dem Neubad und der Umgebung verkaufen im »Neubad Kiosk« Bücher, Poster, Stofftaschen und vieles mehr. In der Bücherhalle werden gelesene Bücher getauscht, im offenen Kleiderschrank alte Lieblingsstücke. Das Prinzip ist im ganzen Neubad das Gleiche: Es soll ein Raum für alle sein, ein kreativer Umschlagplatz, ein inspirierender Ort, an dem Menschen zusammenkommen und Neues wachsen kann.

Hinter dem Neubad steht ein Trägerverein, der mittlerweile über 1.000 Mitglieder zählt, darunter Einzelpersonen, Institutionen und Organisationen sowie Bewohner der Quartiere Biregg und Sternmatt, zu dessen Zentrum sich das Neubad entwickelt hat.

Vom Neubad sind es rund 20 Minuten Fussweg zum See und schon sind Sie bei der »Ufschötti«, einer Parkanlage mit Sandstrand. Hier wird gespielt, gegrillt und gebadet. Der Eintritt ist frei.

KKL Luzern
Europaplatz 1
CH-6005 Luzern
+4141 2267777

Kunstmuseum Luzern
Europaplatz 1
CH-6002 Luzern
+41 41 2267800

9 Ein Hörgenuss am See

Kultur- und Kongresszentrum Luzern (KKL)

Geplant hatte Architekt Jean Nouvel eigentlich einen Konzertsaal in Schiffsform, der direkt in den See gebaut werden sollte. Da dies nicht möglich war, holte er den See einfach in den Bau – durch Kanäle, die das Wasser ins Innere fliessen lassen. Diese trennen die drei Gebäudetrakte – Konzertsaal, Luzerner Saal und Kongresstrakt – voneinander ab und lassen sie aussehen, als wären sie drei Schiffe in der Werft.

Das Kultur- und Kongresszentrum Luzern (KKL) wurde zwischen 1995 bis 2000 gebaut und ersetzt das frühere Kultur- und Kongresshaus aus den 1930er-Jahren. Der Konzertsaal konnte bereits zwei Jahre vor dem gesamten KKL eingeweiht werden und steht seither mit seiner hervorragenden Akustik dem Publikum offen.

Akustiker Russell Johnson verfolgte das Ziel, optimale Verhältnisse für die unterschiedlichsten Musikrichtungen aus Vergangenheit und Gegenwart zu schaffen. Dafür plante er den Konzertsaal als sogenannte »Schuhschachtel«, als Raum mit einer Breite und Höhe von je 22 Metern sowie einer Länge von 46 Metern. Zusätzlich zu diesen Grössenverhältnissen wird die Akustik durch einen Hohlraum optimiert, der das Raumvolumen bei Bedarf noch erweitern kann.

Ein Besuch im KKL lohnt sich natürlich für Musikbegeisterte, aber nicht nur. Bei Führungen durch das Gebäude am See steht neben einem Blick hinter die Kulissen auch die Architektur im Fokus. Zu den beliebtesten Veranstaltungen des Hauses gehören Filmvorführungen, bei denen die Musik live gespielt wird.

Der Schwerpunkt des Konzertsaalprogramms liegt jedoch auf klassischer Musik. Das berühmte Lucerne Festival findet jedes Jahr im Spätsommer statt, das Luzerner Sinfonieorchester kann man ganzjährig hören.

Das Kunstmuseum Luzern zeigt aus der eigenen Sammlung historische Werke mit Bezug zur Region oder zeitgenössische Werke regionaler Künstler. Daneben sind immer wieder internationale Wechselausstellungen zu sehen.

Schifffahrt auf dem Vierwaldstättersee
Startpunkt:
Abfahrtsbrücken Luzern
Landungsbrücke 1
(Bahnhofsplatz)
CH-6002 Luzern
+41 41 3676767

Seebistro LUZ
Landungsbrücke 1
(Bahnhofsplatz)
CH-6002 Luzern
+41 79 8409428

10 Volldampf voraus!

Schifffahrt auf dem Vierwaldstättersee

»Vo Luzern gäge Wäggis zue«, heisst es im Lied von Johann Lüthi. Das Volkslied schrieb er 1832, fünf Jahre bevor das erste Dampfschiff, die »Stadt Luzern«, auf Jungfernfahrt ging. Die Schweizer Seen und Flüsse wurden schon früh als Verkehrswege genutzt. Der Vierwaldstättersee verband die Nord-Süd-Achse durch die Schweiz auf dem Wasserweg. So konnten Waren mit Schiffen transportiert werden. Die touristische Schifffahrt auf dem Vierwaldstättersee begann jedoch erst im 19. Jahrhundert mit der Gründung der Dampfschiffgesellschaft. Um die Jahrhundertwende erfuhr der Tourismus in der Region einen Aufschwung, ausländische Touristen besuchten vermehrt Luzern, weshalb die Flotte der Dampfschiffgesellschaft erweitert wurde.

Noch heute verkehren fünf Dampfschiffe auf dem Vierwaldstättersee: die »Stadt Luzern« – bereits die dritte, nicht diejenige von 1837 –, die »Uri«, die »Unterwalden«, die »Gallia« und die »Schiller«. Sie wurden alle zwischen 1901 und 1928 gebaut. Neben der Dampfschiffflotte gehören auch moderne Wasserfahrzeuge zur Schifffahrtsgesellschaft des Vierwaldstättersees. Besonders Nostalgiker und Kinder bevorzugen aber die alten Raddampfer. Es ist beeindruckend mitanzusehen, wenn der Kolben in Bewegung gesetzt und das Schaufelrad angetrieben wird. Dafür lohnt es sich sogar, im Inneren des Schiffes zu bleiben und den Maschinen zuzuschauen.

Eine Fahrt mit der »Stadt Luzern« kann durchaus an eine Überseereise mit einem grossen Ozeanliner erinnern, denn ihre Salons sind im Art-déco-Stil der 1920er-Jahre gestaltet. 1980 erhielt sie zudem einen *Queen's Salon* im Oberdeck, der eigens für den Besuch von Queen Elizabeth II. hergerichtet wurde. Statt der Freiheitsstatue sieht man aber auf die Bergketten rund um den See und im Wind flattert die Schweizerfahne.

Vor der Schifffahrt empfiehlt sich ein Besuch im Seebistro LUZ direkt bei den Landungsbrücken. Die grossen Panoramafenster sorgen für einen spektakulären Blick auf den Vierwaldstättersee.

Glamping am Hotel Vitznauerhof
(Juni bis August)
Seestrasse 80
CH-6354 Vitznau
+41 41 3997777

Rigi Bahnen Zahnradbahn Vitznau–Rigi Kulm
Bahnhofstrasse 7
CH-6354 Vitznau
+41 41 3998787

11 Campieren mit Stil

Glamping am Hotel Vitznauerhof

Kaum zu glauben, dass Vitznau bis zur Mitte des 19. Jahrhunderts ein verschlafenes kleines Dorf war, das hauptsächlich vom Fischfang lebte. Dann kamen die Touristen an den Vierwaldstättersee. Zuerst brachten die Dampfschiffe Reisende von Luzern bis Weggis, 1865 wurde auch in Vitznau ein Schiffsteg angelegt. Doch erst die Eröffnung der Rigi-Bahn löste den Wandel vom Fischerdorf zum Kurort aus. Vitznau wurde ausgebaut, um Gäste aus aller Welt zu beherbergen. Kurhotels, Gasthöfe, gut begehbare Wege waren die Folge davon. Die Belle Époque zu Beginn des 20. Jahrhunderts, die Blütezeit des Tourismus, verhalf dem Ort zu seinem Glanz. Ein Kurverein, einer der ersten dieser Art in der Schweiz, sorgte im späten 19. Jahrhundert dafür, dass die Wege mit Petrollampen beleuchtet wurden, dass es Ruhebänke gab und sogar einen ersten Reiseführer.

Noch heute steht Vitznau für Tourismus an der Luzerner Riviera. Allein der Blick von den Terrassen der Restaurants ist die Anreise wert. Übernachtet wird immer noch in den ehrwürdigen Hotels am See, wo einst Goethe, Jung und Strauss einkehrten. Eines davon ist der Vitznauerhof, ein Jugendstilhaus, das 1901 die Tore öffnete. Davor war auf dem Gelände des Hotels die Werft gewesen, in der die Dampfer »Germania« und »Italia« gebaut wurden.

Mittlerweile bietet das Seehotel einen besonderen Übernachtungsspass. Denn hier kann man im hoteleigenen Wäldchen »glampen«. »Glamping« bedeutet »Glamorous Camping«, also luxuriöses Übernachten im Zelt. Drei edle Zelte stehen Gästen zur Verfügung, jedes ist mit Möbeln und sanitären Anlagen ausgestattet. Dazu kann der Spa-Bereich im Hotel benutzt werden und aufgeweckt wird man durch das Vogelgezwitscher aus der Natur.

Von Vitznau fahren Sie mit der ersten Bergbahn Europas in rund einer Stunde auf die Rigi. Die Strecke wurde 1871 eröffnet und überwindet heute 1.313 Höhenmeter bis Rigi Kulm.

Mark-Twain-Weg
(Mai bis Oktober)
Startpunkt: **Mark-Twain-Gedenktafel**
Gotthardstrasse 39
CH-6353 Weggis

Wanderlust Guesthouse
Parkstrasse 29
CH-6353 Weggis
+41 41 3901131

12 Rauf auf die Rigi!

Mark-Twain-Weg

Berühmte Gäste hatte Weggis einige, darunter auch 1878 Mark Twain. Der amerikanische Schriftsteller, der vor allem für die *Abenteuer von Tom Sawyer und Huckleberry Finn* bekannt ist, führte auf seiner Reise durch die Schweiz Tagebuch. Nachzulesen sind seine Erlebnisse in *A Tramp Abroad – Bummel durch Europa* (1880). Darin enthalten ist *Climbing the Rigi*, eine Erzählung darüber, wie Mark Twain drei Tage mit einem Freund zu Fuss die Rigi erwanderte, was sie währenddessen erlebten und wie sie den Sonnenaufgang auf dem Berg beobachten wollten. Mark Twain übernachtete auf seiner Reise in Weggis und beschrieb den Ort als »den schönsten Flecken Erde, auf dem ich je geruht habe«. Heute folgen wir seinen Spuren durch den Ort bis auf die Rigi. Für den Wanderweg benötigt man allerdings keine drei Tage, sondern nur rund fünf Stunden.

Von Weggis geht es über das Felsentor in die Höhe. Spätestens hier ist eine erste Rast angesagt. Zum Glück laden die acht Infotafeln zu Mark Twain und seiner Rigi-Besteigung unterwegs immer wieder zum Verweilen ein, denn der Aufstieg ist nicht zu unterschätzen. In seiner bekannt humorvollen Schreibweise sind Mark Twains Eindrücke von der »Königin der Berge« nachzulesen. Vom Felsentor führt der Weg weiter bis Rigi Kaltbad. Wer die anstrengende Steigung bequem überwinden möchte, nimmt von Weggis bis Rigi Kaltbad die Luftseilbahn und geht von dort aus zu Fuss weiter über Rigi Staffel nach Rigi Kulm.

Anders als Mark Twain werden Sie auf der Rigi auf viele weitere Reisende treffen, die mit einer der Bahnen angereist sind. Spätestens beim Rundumblick vom Gipfel sind diese aber vergessen. Auf über 1.800 Metern über dem Meer kann man die Erhabenheit der »Königin der Berge« tief in sich spüren.

Preiswertes Übernachten am Vierwaldstättersee ist im Wanderlust Guesthouse in Weggis möglich. In der Gemeinschaftsküche findet man alles Nötige, um sein eigenes Essen zuzubereiten.

Haldihof
Halde
CH-6353 Weggis

Campus Hotel Hertenstein
Hertenstensteinstrasse 156
CH-6353 Weggis
+41 41 3997171

13 Edelbrände mit Tradition

Haldihof

Der Obstbaubetrieb Haldihof liegt ein Stück über dem Vierwaldstättersee, eingebettet in eine liebliche Hügellandschaft und umgeben von schönster Natur. Die Anreise unternimmt man am besten zu Fuss, zum Beispiel auf dem Waldstätterweg von Weggis nach Küssnacht. So erschliesst sich einem die herrliche Natur Schritt für Schritt. Die vielen Obstbäume auf den Wiesen rund um den Hof weisen den Weg.

An einigen Tagen der Woche ist der Shop auf dem Haldihof geöffnet. Dann gibt es neben Kaffee und Kuchen auch Most und Dörrfrüchte aus eigenem Anbau. Bekannt ist der Hof wegen seiner Edelbrände, die man im Shop ebenfalls erwerben kann. Seit über 100 Jahren wird in der Destillerie auf dem Haldihof Schnaps aus Früchten gebrannt. Das sonnige und windgeschützte Klima nahe der Halbinsel Hertenstein ist ideal dafür, denn es verleiht dem hier angebauten Hochstammobst sein besonders fruchtiges Aroma.

Der langen Tradition folgend, machen die Obstbrände bis heute einen grossen Teil der erzeugten Destillate aus. Stets wird an neuen Produkten getüftelt, um Kenner und Probierfreudige mit aussergewöhnlichen Geschmacksnuancen zu überzeugen. Ein Beispiel dafür sind die Edelbrände der Reihe Aquavita. Früher wurden sogenannte »Lebenswasser« für medizinische Zwecke gebrannt, später konsumierte man sie auch als Genussmittel. Die Kräuterdestillate vom Haldihof beruhen auf alten Rezepturen aus dem 17. und 18. Jahrhundert und sind mit wohlklingenden Namen wie »Eau de Paix« oder »Herbes Alpines du Rigi« versehen. Sie passen nicht nur wunderbar zum Dessert oder eignen sich zum Kochen, sondern machen auch als Mitbringsel aus den Schweizer Alpen einiges her.

Vom Haldihof aus führt ein Wanderweg zur Halbinsel Hertenstein. Von dort geniesst man eine besonders schöne Aussicht auf den See. Einkehren oder übernachten kann man im Campus Hotel Hertenstein.

Römischer Gutshof Ottenhusen
Römerweg
CH-6275 Ballwil

Gasthaus Restaurant Ottenhusen
Brunnenweg 4
CH-6275 Ballwil
+41 41 5458388

14 Ave Seetal!

Römischer Gutshof Ottenhusen

Das Luzerner Seetal liegt nördlich der Stadt Luzern rund um den Hallwilersee. Wo früher Pfahlbausiedlungen standen, zog es später die Römer hin. Auch sie hinterliessen ihre Spuren, die in archäologischen Ausgrabungen wieder zutage kommen.

So auch in Ottenhusen, wo im 19. Jahrhundert die Reste eines römischen Gutshofes entdeckt wurden. Arbeiter stiessen 1847 zufällig beim Steinbrechen auf die Mauern einer Villa. Dabei fand man ausserdem eine Merkur-Statuette aus Bronze, deren Geheimnis man beim Besuch von Ottenhusen auf den Grund geht.

Die Anreise nach Ottenhusen erfolgt über Ballwil. Vom Bahnhof gelangt man in rund 40 Gehminuten zum ehemaligen Gutshof. Parkplätze gibt es keine, dafür eine Toilette sowie Faltblätter für »Merkurs Geheimnis«, eines von drei Kulturabenteuern für Kinder, die im Seetal unternommen werden können. Ausgerüstet mit Stift und Vesper begeben wir uns in eine Zeit vor 2.000 Jahren, als in Ottenhusen der Gutshof stand, zu dem die ausgegrabenen Mauerreste der Villa gehörten. Die Kinder lernen Titus kennen, der mit seiner Familie auf dem Hof lebte. Sie sollen dem zwölfjährigen Jungen helfen, seinen entführten Freund, den Hirtenjungen Ninno, zu finden. Dabei begegnen sie verschiedenen Bewohnern und erfahren einiges über das Leben auf dem römischen Gutshof. Das Faltblatt führt durch die Geschichte von Titus, Ninno und der Merkur-Statuette. Zwischendurch wird auf die Infotafeln vor Ort verwiesen, die für die Beantwortung der Fragen auf dem Faltblatt nützliche Hinweise liefern. Aufmerksame Hobbyermittler werden am Ende mit des Rätsels Lösung belohnt.

Der Gutshof wurde vom 1. bis ins 3. Jahrhundert nach Christus bewohnt. Seine Mauern liegen immer noch unter der Erde vergraben. Installationen und Visualisierungen beim Fundort zeigen auf, wie er einst aussah.

Im Dorfkern von Ottenhusen, wenige Gehminuten vom römischen Gutshof entfernt, gibt es gutbürgerliche Schweizer Küche im Gasthaus Restaurant Ottenhusen.

Schweizerische Vogelwarte Besucherzentrum
Luzernerstrasse 6
CH-6204 Sempach
+41 41 4629700

TCS Camping Sempach
Seelandstrasse 6
CH-6204 Sempach
+41 41 4601466

15 Heimische Ornithologie

Schweizerische Vogelwarte

Die Vogelwarte Sempach ist Anlaufstelle für kranke, verletzte und verwaiste Vögel. Hier werden die Tiere gesund gepflegt oder aufgezogen, bis sie zurück in die freie Natur können. Aber nicht nur das. Darüber hinaus setzt sich die Vogelwarte für den Schutz bedrohter Arten ein und informiert im Besuchszentrum über einheimische Arten.

Das Museum ist in drei Themenbereiche aufgeteilt. Zuerst erfahren wir in gut einer Stunde hautnah, was das Überleben für einen Vogel bedeutet. Ein Ring, wie ihn Vögel zur Erhebung wissenschaftlicher Daten tragen, führt uns durch die interaktive Ausstellung. Wir werden selbst zum Vogel, schlüpfen, wachsen im Nest auf, werden grösser und gehen auf Nahrungssuche. Dabei begegnen wir Feinden und müssen ums Überleben kämpfen. Mit dem Ring lösen wir verschiedene Aufgaben und treffen immer wieder Entscheidungen. Wie sehe ich als Vogel aus? Was esse ich? Am Ende werfen wir den Ring in eine Box und erfahren auf einer ausgedruckten Karte, welche Vogelart wir waren.

Unter anderem für die interaktive Ausstellung »ÜberLeben« gewann das Museum 2017 den *European Museum of the Year Award*. Ausschlaggebend für die Auszeichnung war aber auch der ökologische Lehmbau des Besuchszentrums.

Im anschliessenden Kino begleiten wir eine halbe Stunde Vögel auf ihrer Reise durch die Schweiz. Der letzte Teil des Museums widmet sich der Klangwelt der Vögel. Danach geht es ab in den Garten, wo wir die gefiederten Tiere direkt am Ufer des Sempachersees entdecken oder in den Volieren beobachten können. Besonders spannend ist es, wenn Ranger der Vogelwarte vor Ort sind. Sie beantworten Fragen und weisen auf interessante Eigenschaften der Tiere hin.

Übernachten Sie direkt am Sempachersee auf dem Campingplatz. Das Naturschutzgebiet liegt gleich daneben, ein Sprung in den See sorgt für Abkühlung und die Sonnenuntergänge sind hier ausgesprochen schön.

Café Amrein
Hauptgasse 24
CH-6130 Willisau
+41 41 9701114

Untertor Willisau
Hauptgasse
CH-6130 Willisau

16 Das berühmte Ringli

Café Amrein

Zu den bekanntesten Schweizer Backwaren gehören die Willisauer Ringli, harte runde Kekse mit Loch in der Mitte. Im Kindergarten bekamen wir zum Geburtstag jeweils eine Kette mit so vielen Willisauer Ringli um den Hals gehängt, wie es unseren Lebensjahren entsprach, und in der Pause durften wir daran knabbern.

Das Original kommt aus Willisau und wird auch heute noch im Café Amrein gebacken und verkauft. Sein Teig besteht aus Zucker, Mehl, Honig und Gewürzen. Die genaue Mischung ist geheim – das Gebäck ist durch die Aufnahme in die Enzyklopädie »Kulinarisches Erbe der Schweiz« geschützt und darf nur in Willisau produziert werden. Es schmeckt auf jeden Fall nach Zitrone. Die einen sagen, man soll es nicht zerbeissen, sondern im Mund zergehen lassen. Andere tunken es gerne in den Tee.

Die Geschichte des Willisauer Ringlis geht bis ins Jahr 1850 zurück, als es zum ersten Mal gewerblich hergestellt wurde. Bäcker Heinrich Maurer, ein Aargauer auf Wanderschaft, blieb der Liebe wegen in Willisau und eröffnete in der Hauptgasse eine Bäckerei. Er verwitwete früh, heiratete die Cousine seiner verstorbenen Frau und erfuhr von dieser vom Gebäck, das bisher nach einem Hausrezept auf Schloss Heidegg gebacken worden war. Maurer verfeinerte das Rezept und verkaufte die heute berühmten Ringe in seiner Bäckerei. Der Handwerksbetrieb besteht seit Generationen, der Erfolg der Willisauer Ringli ebbte nie ab. Im Gegenteil, das Geschäft wurde 1930 um ein Café erweitert und wird heute in fünfter Generation geführt.

Bei schönem Wetter isst man die Ringli am besten vor dem Geschäft mit Blick auf die charmante Hauptgasse. Eine Geschenkpackung Willisauer Ringli zum Mitnehmen ist auch nie verkehrt.

Ein Spaziergang durch die Hauptgasse führt zum Untertor, wo mehrmals täglich ein Glockenspiel aus 15 Glocken zu hören ist.

Kloster Werthenstein
Oberdorfstrasse 9
CH-6106 Werthenstein
+41 41 4901265

Jakobsweg
Etappe Werthenstein–Willisau
Startpunkt:
Kloster Werthenstein

17 Wallfahrt auf dem Felsen

Kloster Werthenstein

Von Weitem sieht man das Kloster Werthenstein über dem Dorf thronen. Es steht auf einem markanten Felsen, darunter fliesst die Kleine Emme. Im 16. Jahrhundert wurde an dieser Stelle nach einer Marienerscheinung eine Kapelle erbaut, bald darauf folgten die ersten Pilger. 30.000 Gläubige strömten jährlich nach Werthenstein. 100 Jahre später waren es bereits so viele, dass die Kapelle zu einem Kloster mit Wallfahrtskirche erweitert wurde. Zeitweise war Werthenstein der zweitgrösste Wallfahrtsort der Schweiz, direkt nach Einsiedeln.

Die ungetrübte Anziehungskraft des Klosters beruht unter anderem auf dem Brunnen unterhalb der Wallfahrtskirche. Das Gnadenbrünneli befindet sich in einer Vertiefung im Fels. Seine Quelle wurde 1634 entdeckt. Wenige Jahre später sprach man dem Wasser Heilkräfte zu, woraufhin in der Felsnische eine kleine Kultstätte eingerichtet wurde. Das Wasser soll bei allerlei Beschwerden helfen, insbesondere bei Augenleiden. Noch heute wird vom Wasser Gebrauch gemacht. Pilger auf dem Jakobsweg füllen ihre Flaschen am Gnadenbrünneli auf, es werden Kerzen zu Ehren der lieben Frau von Werthenstein angezündet und Trinkbecher stehen für Passanten bereit.

Eindrücklich ist auch das Klostergebäude. Im Innenhof lohnt sich der Besuch des Hallenrundgangs, der mit seinen 46 Bogen architektonisch sehr schön ist. Mit der Ausmalung des offenen Umgangs wurde ursprünglich Kaspar Meglinger beauftragt, ein Luzerner Maler aus dem 17. Jahrhundert. Aufgrund der Witterung verschwanden die Darstellungen jedoch bis 1770 weitestgehend, woraufhin Josef Reinhart die heutigen Bilder zwischen 1775 und 1779 anfertigte.

In der Klosterkirche zeigt der linke Seitenaltar das Gnadenbild aus Frybach, das während der Reformation gerettet und nach Werthenstein gebracht wurde. Mindestens genauso eindrucksvoll wie die Gemälde ist der Blick vom Felsen hinab auf die Kleine Emme. Einfach um das Kloster herumgehen und die Aussicht geniessen.

Werthenstein liegt auf dem Jakobsweg von Luzern über Bern in die Westschweiz. Pilger können im Kloster übernachten.

Mooraculum
(Juni bis Oktober)
Neben dem **Erlebnis-Restaurant Rossweid**
Rossweid 1
CH-6174 Sörenberg
+41 41 4881470

Schlafen im Stroh auf dem Bauernhof Salwideli
Salwidelistrasse
CH-6174 Sörenberg
+41 41 4881558

18 Kleine Forscher aufgepasst!

Abenteuerspielplatz Mooraculum

Hier sind wasserdichte Schuhe gefragt! Auf dem Abenteuerspielplatz Mooraculum werden sonst die Füsse nass. In der UNESCO Biosphäre Entlebuch, einem Reservat im südwestlichen Teil des Kantons Luzern, befinden sich zahlreiche mystische und wunderschöne Moorlandschaften. Der Spielplatz Mooraculum auf der Rossweid macht darauf aufmerksam und führt Kinder spielerisch an Themen rund um das Moor. Hier wird gerätselt, experimentiert, wissenschaftlich untersucht und natürlich auch ausgiebig getobt.

Der grosse Abenteuerspielplatz ist von Sörenberg aus mit der Gondelbahn oder zu Fuss in etwas über einer Stunde erreichbar. Von der Rossweid aus startet ein vier- bis fünfstündiger Rundwanderweg mit 17 Stationen, an denen das Moor und seine Bewohner mit allen Sinnen erforscht werden können – hören, fühlen, riechen …

Wer eine Pause einlegen möchte, nimmt unterwegs in einem der Liegesessel Platz und geniesst die entspannende Ruhe der Natur. Natürlich lädt aber auch die Grillstelle beim Spielplatz auf der Rossweid zum Verweilen ein. Die Kinder klettern derweil über gespannte Seile, waten durchs Wasser oder benutzen die wohl spannendste Attraktion: ein Floss, mit dem man vom Ufer des kleinen Sees bis zu einer Hütte in dessen Mitte fährt. Dabei zieht man sich an einem Seil vorwärts und versucht, möglichst keine nassen Schuhe zu bekommen. Falls kleine Kinder mit dabei sind oder der Nachwuchs nicht so weit laufen möchte, bietet sich der kurze, kinderwagentaugliche Kurs an.

Ein Besuch des Abenteuerspielplatzes verspricht auf jeden Fall glückliche, ausgetobte Kinder, die am Abend den Heimweg antreten. Und erholte Eltern, denn diese können in der Zwischenzeit einen Kaffee im nebenan gelegenen Restaurant Rossweid trinken.

Die perfekte Ergänzung für das Moorabenteuer ist eine Nacht im Stroh. Auf dem Bauernhof Salwideli warten von Mai bis September Bettenlager aus Stroh und ein Frühstücksbuffet mit hausgemachtem Zopfbrot.

Rodelbahn Rischli
(Juni bis Oktober)
Rischlistrasse 88
CH-6174 Sörenberg
+41 41 4882121
Bauernhof Birkenhof
Birkenhof 1
CH-6174 Sörenberg
+41 41 4881377

19 Rasanter Sommerspass

Rodelbahn Rischli

Sörenberg ist ein beliebter Winter- und Sommersportort im Entlebuch. Das Dorf liegt auf über 1.100 Metern über dem Meer mitten in den Schweizer Alpen. Von hier ist es nicht weit bis ins Berner Oberland: einmal mit der Bahn hoch aufs Brienzer Rothorn und schon sieht man Eiger, Mönch und Jungfrau.

Gegen Ende des 19. Jahrhunderts führte der Tourismus im Sommer immer mehr Feriengäste von Luzern und dem Vierwaldstättersee in die Berge nach Sörenberg. So entstanden hier ein Kurhaus sowie ein Hotel, in dem im Sommer 1915 sogar der russische Revolutionär Lenin einige Monate verbrachte. Mit dem Bau der ersten Skilifte nach dem Zweiten Weltkrieg kamen auch im Winter mehr und mehr Reisende in den Ort.

Heute ist Sörenberg als das grösste Skigebiet des Kantons Luzern bekannt. Im Sommer startet man von hier aus Wanderungen auf die Rossweid mitten in der Moorlandschaft, auf die Schrattenfluh mit ihrem Karstgestein oder über die Kantonsgrenze nach Obwalden zum tiefblauen Eissee unterhalb des Rothorns.

In Sörenberg lädt eine Rodelbahn zum rasanten Sommerspass ein. Per Schlepplift wird man zum Startpunkt hinaufgezogen und dann geht die Fahrt los. Knapp einen Kilometer lang ist die Bahn. Sie schlängelt sich um mehrere Kurven durch die grüne Bergwiese und viel zu schnell ist man unten angelangt. »Noch einmal!«, heisst es dann. Die Rodelbahn benutzt man alleine oder zu zweit. Kinder unter acht Jahren müssen in Begleitung von Erwachsenen fahren. Unterwegs sollte man lächeln, denn in einer der Kurven wird ein Foto gemacht. Wer mag, kann es später am Fotoautomaten als Erinnerung an den Urlaub in den Schweizer Alpen kaufen.

Ein Stück ausserhalb, am Emmenuferweg gelegen, befindet sich der Birkenhof. Im Hofladen gibt es Erdbeerwein und weitere Spezialitäten aus der Region, im Sommer sogar Bergerdbeeren vom Hof.

Schneeschuhwanderung mit Käsefondue
Startpunkt:
Hotel Sporting
Dorfstrasse 62
CH-6196 Marbach
+41 34 4933686

Bergkäserei Marbach
Dorfstrasse 16
CH-6196 Marbach
+41 34 4933144

20 Käse unter freiem Himmel

Schneeschuhwanderung mit Käsefondue

Ein Käsefondue passt zu jeder Jahreszeit. Dafür muss man nicht mal auf den Winter warten. Besonders gut schmeckt es draussen in der Natur, in der Biosphäre Entlebuch. Dazu reserviert man am Vortag einen Fonduerucksack beim Hotel Sporting in Marbach mit allem Drum und Dran. Darin befinden sich eine Fonduepfanne, das sogenannte Caquelon, mit Gasbrenner und Windschutz, Fonduebrot und Früchte zum Tunken, Tee und Wein und natürlich eine feine Käsefonduemischung aus der örtlichen Bergkäserei.

Beim Abholen des Rucksacks im Hotel wird man mit einem Willkommensdrink begrüsst und kann bei der Gelegenheit noch nach geeigneten Wander-, Bike- oder Schneeschuhtouren fragen, bevor es ab nach draussen geht. Wir entscheiden uns für eine kurze winterliche Schneeschuhtour und nehmen dafür die Gondelbahn auf die Marbachegg. Oben wartet eine wunderbare Aussicht auf den Hohgant und die Berner Alpen auf uns. Der Rundtrail startet beim Berggasthaus Marbachegg und führt uns in einer knappen Stunde über die Gassenegg, ein Stück den Waldrand hinunter nach Lochsitli, hoch zum Speichersee und zurück zur Marbachegg. Auch für Schneeschuh-Unerfahrene bietet die Strecke eine gute Mischung aus Sport und besinnlicher Winterruhe.

Einen passenden Rastplatz für die Fondue-Pause finden wir bei der Gassenegg. Hier ist es herrlich still. Das Fondue wird direkt im Caquelon erwärmt. Es dauert ein bisschen, bis die Käsemischung geschmolzen ist und schöne Fäden zieht. Übrigens gilt die uralte, traditionsreiche schweizerische Regel für das Fondue-Essen: Wer sein Brotstück im Käse verliert, muss zur Strafe abwaschen. Oder auf der restlichen Strecke den Rucksack tragen.

Die Bergkäserei Marbach, aus der das Fondue im Rucksack kommt, kann auch besucht werden. Hier kaufen Sie Käse und weitere Spezialitäten aus dem Entlebuch.

Pilatus/Pilatusbahn
Brünigstrasse 2
CH-6053 Alpnach
+41 41 329 13 13

Pilatus-Bahnen AG
Schlossweg 1
CH-6010 Kriens
+41 41 329 11 11

21 Auf zum Drachenberg

Pilatus

Nicht nur Dinosaurier lebten früher in der Region um den Vierwaldstättersee, nein, auch Drachen. Das berichten zumindest die Legenden. Am Pilatus sollen sie genistet haben, und wenn früher eine Seuche ausbrach, dann, so ist es überliefert, weil man einen Lindwurm dabei gesehen hat, wie er die Reuss hinunterschwamm. Einige haben angeblich Bauern erschreckt, einer soll sich im Luzerner Seebecken vor einem Gewitter versteckt, ein anderer sich mehrere Monate um einen jungen Mann gekümmert haben, der in eine Felsspalte am Pilatus gefallen war.

Aber nicht nur um Schuppentiere geht es in den Mythen, die sich um den Pilatus ranken. Auch hinter dem Namen des Berges verbirgt sich eine sagenhafte Geschichte. Bis ins 15. Jahrhundert hiess das Massiv am Vierwaldstättersee noch »Fracmont«, was so viel wie »gebrochener Berg« bedeutet. Die Bezeichnung ist angelehnt an die Form, die mehrere Felsspitzen aufweist. Nun erzählte man sich aber insbesondere im späten Mittelalter, wie zu Zeiten des römischen Kaisers Tiberius die Leiche von Pontius Pilatus für Probleme sorgte: Wo immer man den Statthalter, der wegen der Kreuzigung von Jesus zu Tode verurteilt worden war, vergraben wollte, brachen Seuchen und Unwetter aus und verdarben das Wasser. Der leblose Körper musste schliesslich auf die Anhöhe am Vierwaldstättersee gebracht werden, wo der Geist des Pilatus wütete und den Gipfel in schwarzen Nebelwolken versinken liess.

Kursieren auch noch so viele Geschichten um den Berg, sicher ist, dass ein Ausflug an die Spitze unvergesslich ist. Langsam zieht die steilste Zahnradbahn der Welt mit ihren berühmten roten Wagen Besucher von Alpnachstad den Berg hinauf. Oben stieben die Dohlen auseinander, während einem ob der Aussicht der Atem stockt.

Auf dem Drachenweg taucht man in die Sagenwelt des Berges ein. 40 Minuten muss man für die Strecke einrechnen, die teilweise in den Felsen geschlagen wurde. Die Aussicht auf den Vierwaldstättersee ist unvergesslich.

Alpnachersee in Alpnachstad
Startpunkt:
Bootssteg Alpnachstad
Niederstad
CH-6053 Alpnach

Badibeizli Alpnachstad
Staderried 6
CH-6053 Alpnach
+41 670 1379

22 Traumhafte Aussichten

Alpnachersee in Alpnachstad

Bei Stansstad verengt sich der Vierwaldstättersee und bildet südlich der Gemeinde den Alpnachersee. Bekannt ist dieser Seitenarm wegen seiner Lage am Fusse des Pilatus und als Eldorado für Windsurfer. Die Windverhältnisse sind ideal, und schon bei der Anfahrt von Hergiswil nach Alpnachstad kann man meist bunte Segel ausmachen, die über das Wasser zu tanzen scheinen.

Alpnachstad kennen die meisten als Ausgangspunkt für Ausflüge auf den Pilatus. Der schmucke Ort am See bietet aber mehr. Wer per Schiff von Luzern her anreist, wird bei der Ankunft den Bootssteg mit der hübschen Promenade bemerken. Der dient allerdings nicht nur als Anlegestelle. Vielmehr ist er als Fotospot am Vierwaldstättersee populär. Ob man nun auf dem Steg posiert oder die umliegende Landschaft ablichtet, spielt keine Rolle, denn die Atmosphäre wirkt in jedem Fall zauberhaft. Im Hintergrund erheben sich linker Hand die Ausläufer des Pilatus, rechts der Rotzberg und dahinter Stanserhorn und Bürgenstock. Bei guten Lichtverhältnissen spiegelt sich die Landschaft auf dem Wasser.

Nach dem Fotoshooting laufen wir ein kurzes Stück am Ufer entlang zum Städerried. Dieses Mündungsgebiet am See, das als Naturschutzzone ausgewiesen ist, beginnt unweit des Bootssteges und ist bei Spaziergängern und Joggern sehr beliebt. Dort befindet sich eine Freizeitanlage, wo im Badibeizli eine Erfrischung wartet. Viel Spass verspricht der Tischminigolf-Parcours, bei dem eine Mischung aus Minigolf und Billard gespielt wird. Die Bälle müssen mit dem Queue über die Bahnen und Hindernisse auf den Tischen ins Ziel gebracht werden.

Von Alpnachstad am Bootssteg vorbei und über das Städerried wandern Sie dem Alpnachersee entlang nach Stansstad.

Burg Landenberg
Landenbergstrasse
CH-6060 Sarnen

Kaffeebar 13/15
Poststrasse 4
CH-6060 Sarnen
+41 41 660 27 27

23 Von Vögten zur Landsgemeinde

Burg Landenberg

Südwestlich des Vierwaldstättersees beginnt der Sarnersee, an dessen Ufer der Hauptort des Kantons Obwalden liegt: Sarnen. Die schmucke Gemeinde ist aus mehreren Gründen einen Besuch wert. Ein Spaziergang durch die Altstadt führt an manch malerischem Gebäude vorbei, während auf dem Landenberg über dem Dorf die gleichnamige Burg thront. Der symmetrische Bau mit den geschweiften Giebeln und den Zwiebeltürmen zu beiden Seiten ist schon von Weitem zu sehen. Im Jahr 1752 errichtet, wurde er bis zum 19. Jahrhundert als Schützenhaus genutzt und kann heute für Anlässe gemietet werden.

Lange bevor das Bauwerk und sein Nachbargebäude, das Zeughaus, entstanden sind, befand sich auf dem Landenberg eine grosse Festung aus dem 11. Jahrhundert. Der Standort bot sich aufgrund der Lage an der Route zum Brünigpass als Stützpunkt an. Teile der Ringmauern existieren nach wie vor und verdeutlichen die Grösse des einstigen Bollwerks, das die gesamte Hügelkuppe umfasste. Man geht davon aus, dass die Burgherren Schafe, Ziegen, Schweine sowie Rinder hielten und in den nahe gelegenen Bergen auf die Jagd gingen. Allerdings soll die Anlage bereits nach rund 200 Jahren verlassen und das Gelände in den folgenden Jahrhunderten als Weidefläche genutzt worden sein.

Im 17. Jahrhundert ging das Anwesen in den Besitz des Kantons Obwalden über und bekam für die nächsten 350 Jahre einen neuen Nutzungszweck: Ab 1646 stiegen jedes Jahr die Stimmberechtigten Obwaldner zur Landsgemeinde auf den Landenberg. Steinstufen in der Wiese zeigen heute noch, wo sich die Leute versammelten, bis 1998 die Landsgemeinde in Obwalden abgeschafft wurde.

Spazieren Sie unbedingt durch den Dorfkern von Sarnen und kehren Sie bei der Kaffeebar 13/15 auf einen Kaffee ein, dessen Bohnen in Obwalden geröstet wurden.

Historisches Museum Obwalden
(April bis November)
Brünigstrasse 127
CH-6061 Sarnen
+41 41 660 65 22

Staatsarchiv Obwalden
St. Antonistrasse 4
CH-6060 Sarnen
+41 41 666 62 14

24 Geschichte einmal anders

Historisches Museum Obwalden

Ein Geheimtipp unter kulturgeschichtlichen Sammlungen ist das Historische Museum Obwalden in Sarnen. Die Dauerausstellung bildet mit alten Trachten, Porträts und Alltagsgegenständen das einstige Leben in Obwalden ab. Zu Letzteren gehören auch Schutzziegeln, die früher mit eingeritzten Motiven als Dachpfannen das Böse von den eigenen vier Wänden fernhalten sollten. Empfehlenswert sind zudem die wechselnden Schauen. Die Exponate sind bis ins letzte Detail mit Liebe und Humor in Szene gesetzt, sodass Besucher die Funde thematisch immer wieder neu angeordnet und auf verschiedene Arten entdecken können.

Ein bemerkenswertes Ausstellungsstück ist das *Weisse Buch von Sarnen*. Dabei handelt es sich um die erste schriftliche Wiedergabe des Gründungsmythos der Schweiz. Das Werk wurde um 1470 vom Landschreiber Hans Schriber verfasst und besteht aus zwei Teilen, wobei der erste auf rund 350 Seiten wichtige Entscheide und Bündnisse darstellt. Der zweite Abschnitt befasst sich in einer Chronik auf 25 Seiten mit der Unterdrückung von Uri, Schwyz und Unterwalden zur Zeit der habsburgischen Vögte und berichtet vom Bund der drei Kantone auf dem Rütli und der anschliessenden Vertreibung der Habsburger. Diese Erzählung wurde später unter anderem von Friedrich Schiller in seinem Stück *Wilhelm Tell* aufgegriffen und ist heute noch als Mythos der Entstehung der Schweiz bekannt.

Kinder kommen im Historischen Museum ebenfalls auf ihre Kosten. Im Spielzimmer finden sie Kostüme und können in verschiedene Rollen schlüpfen. Besonders beliebt ist bei den jüngeren Besuchern das Alphorn in der Dauerausstellung, das ausprobiert werden darf.

Das Original des *Weissen Buchs von Sarnen* liegt im Hexenturm und kann nach Voranmeldung beim Staatsarchiv bei einer Führung besichtigt werden.

Alpkäserei Fluonalp
(Mai bis Oktober)
CH-6074 Giswil
+41 41 675 26 59

Schmetterlingspfad Lungern–Giswil
Startpunkt:
Lungern-Turren-Bahn
Wichelstrasse 2
CH-6078 Lungern
+41 41 679 01 11

25 Hauseigene Älplermagronen

Alpkäserei Fluonalp

Älplermagronen gehören im Schweizer Alpenraum auf die Speisekarte. Das klassische Älplergericht besteht aus Teigwaren, Kartoffeln, gerösteten Zwiebeln, Rahm und Käse, dazu wird Apfelmus gereicht. Genau so bereitet auch die Fluonalp die Älplermagronen zu, wo sie »Giswiler Hindersi-Magronä« heissen.

Die Käserei mit angegliedertem Restaurant liegt wunderschön am Fusse des Giswilerstocks. Es führt eine Strasse zur Alp, die an Sommerwochenenden rege genutzt wird. Schöner ist daher die Anreise über die Lungern-Turren-Bahn mit anschliessender Wanderung von rund 1,5 Stunden. Oben angekommen, wird man mit einem Weitblick über den Sarnersee zum Vierwaldstättersee und noch weiter bis zum Zugersee belohnt. Links und rechts des Vierwaldstättersees ragen Pilatus, Stanserhorn und Rigi hervor.

Die Fluonalp liegt auf 1.538 Metern. Auf den Wiesen rundum grasen in den Sommermonaten die Kühe der Giswiler Bauern und geben jeden Tag bis zu 2.000 Liter Milch. Diese werden in der Käserei hauptsächlich zum berühmten »Alp Sbrinz AOP« verarbeitet, darüber hinaus zu Alpkäse, Ziger und Butter. Mit dem hauseigenen Käse werden im Restaurant die Magronen zubereitet. Kein Wunder, dass die hier besonders gut schmecken. Am besten bestellt man sich das Gericht im sogenannten »Holzmuttli« und teilt es am Tisch.

Sucht man sich einen guten Platz im Restaurant, bietet sich die Möglichkeit, den Käsern bei ihrer Arbeit über die Schulter zu schauen. In einer Hütte kann man zudem durch eine Fensterscheibe die Laibe beim Reifen betrachten. Wer lieber selbst mit anpackt, kann vorab ein Käsereierlebnis buchen. Die Produkte können vor Ort erworben werden, daher lohnt es sich, viel Hunger und einen grossen Wanderrucksack auf die Fluonalp mitzunehmen.

In der Nähe der Fluonalp führt der Schmetterlingspfad von Lungern nach Giswil. Dank der vielfältigen Flora auf den Bergwiesen leben hier rund 100 verschiedene Falterarten.

Lungernsee
Rund um das Fischerparadies
Lungern
Bürglenstrasse 14
CH-6078 Bürglen
+41 41 678 01 01
Restaurant Kaiserstuhl
Brünigstrasse 232a
CH-6078 Bürglen
+41 41 310 13 13

26 Paradies für Fischer

Lungernsee

Der Lungernsee am Brünigpass ist ein Naturstausee mit türkisblauem Wasser, umgeben von Lungern und den Ortsteilen Kaiserstuhl, Bürglen und Obsee. Das Binnengewässer ist bei Fischern sehr beliebt. Trotz seiner Ursprünglichkeit blieben jedoch Eingriffe der Menschen in der Vergangenheit nicht aus.

Im 18. Jahrhundert sollte der Wasserspiegel gesenkt werden, um Weideflächen zu gewinnen. Dieses Projekt teilte die damalige Bevölkerung in zwei Lager: die sogenannten Nassen, die Gegner, und die Trockenen, die Befürworter, die sich durch mehr Land eine Verbesserung ihres Einkommens und somit ihrer Lebensbedingungen versprachen. Letztlich wurde der Absenkung um 35 Meter zugestimmt. Doch damit nicht genug. Als über 100 Jahre später der See mitsamt seinem Ufer von den Centralschweizerischen Kraftwerken gekauft wurde, standen bereits zwölf neue Häuser auf dem Gelände. Dennoch wurde der Plan ins Leben gerufen, das Gewässer wieder zu fluten, um ein Elektrizitätswerk zu betreiben. Einige der Gebäude wurden dafür ab- und an anderen Orten in Lungern wieder aufgebaut. Heute noch fällt der Wasserstand im Winter um bis zu 40 Meter, bevor die Schneeschmelze im Frühling ihn wieder anhebt.

Im Lungernsee tummeln sich verschiedene Forellenarten, darunter die Regenbogenforelle, sowie Felchen, Hechte und Eglis. Wer ein Tagespatent löst, darf am Ufer angeln. Auch Boote können gemietet werden. Aufpassen muss man allerdings auf die Wasserfee vom Lungernsee. Die Sage erzählt, dass diese vor langer Zeit mit ihren Eltern auf dem Land lebte, das überschwemmt wurde. Wer sie sieht, soll Glück beim Fischen haben. Nur die Sehnsucht nach ihr werde man nicht mehr los.

Fisch essen mit Aussicht aufs Wasser kann man im Hotel Kaiserstuhl. Dem Blick von der Terrasse auf den See wohnt etwas ganz Eigenes, Mystisches inne.

Alter Brünig-Saumweg
(Begehbar Mai
bis Oktober)
Startpunkt:
Chnewisstrasse
CH-6078 Lungern
Aussichtspunkt Chälrütirank
Brünigstrasse
CH-6078 Lungern

27 Auf der Spur der Säumer

Alter Brünig-Saumweg

Der Brünig-Saumweg beginnt direkt hinter dem Unternehmen Holzbau Lungern, ist aber bereits ab dem Bahnhof ausgeschildert. Auf 3,7 Kilometern weisen 15 Tafeln mit QR-Codes auf Ausgrabungsstätten entlang der Strecke hin. Denn der jahrtausendealte Saumweg ist nicht nur eine idyllische Wanderstrecke durch den Wald und entlang von Kuhweiden: Bis weit ins 19. Jahrhundert war er eine der Hauptverkehrsrouten Richtung Italien und Frankreich.

Mithilfe ihres Smartphones erhalten Besucher über die QR-Codes Informationen zu dem historischen Pfad und den archäologischen Fundstücken. Beeindruckend sind die in den Berg gehauenen Treppenstufen, die überhängenden Felsen und die für einen Saumweg typischen Steine, die auf beiden Seiten die Strecke begrenzen. Stellenweise verläuft diese sogar über gepflasterten Grund. Man kann sich bildlich vorstellen, wie einst Kaufleute mit Lasttieren und Gepäck zum Brünigpass aufstiegen und ihren mühsamen Weg in die Nachbarländer zurücklegten. Von dem regen Verkehr früherer Zeiten zeugen römische Münzen, alte Hufeisen, Messer und sogar eine antike Puderdose, die bei den Ausgrabungen am Brünig gefunden wurden und heute im Historischen Museum Obwalden in Sarnen zu sehen sind.

1862 löste die Brünigstrasse die historische Route ab und führt seitdem auf die Passhöhe. Bis dahin war es nicht möglich, Waren mit Fuhrwerken über den Brünig zu transportieren. Der Saumweg blieb jedoch erhalten und wird heute gerne von Wanderern genutzt. Er ist zudem Teil des Jakobsweges durch die Schweiz, weshalb man immer wieder Pilgern auf ihrer Reise ins Berner Oberland und weiter nach Frankreich begegnet.

Machen Sie einen Abzweiger zum Chälrütirank. Sie werden mit einer wunderbaren Aussicht auf den Lungernsee und die umliegenden Berge belohnt – ein idealer Fotospot.

Pfarr- und Wallfahrtskirche Sachseln
Am Dorfplatz
CH-6072 Sachseln
+41 41 660 44 18

Spaziergang am Sarnersee
Seeweg
CH-6072 Sachseln

28 Beim Grab von Bruder Klaus

Pfarr- und Wallfahrtskirche St. Theodul

Neben dem Kantonshauptort Sarnen bildet Sachseln das zweite wichtige Zentrum am Sarnersee südwestlich des Vierwaldstättersees. Im Dorfkern befindet sich die imposante Pfarr- und Wallfahrtskirche St. Theodul, die ab 1672 im Barockstil erbaut wurde. An ihrer Stelle stand zuvor ein sehr viel schlichteres Gotteshaus im romanischen Stil. Reste des ursprünglichen Gebäudes sind noch sichtbar, zum Beispiel als Teil des Kirchturms, der heute eine zwiebelförmige Kuppel trägt.

In dieser früheren Pfarrkirche aus dem 13. Jahrhundert wurde Bruder Klaus nach seinem Tod 1487 begraben. Bruder Klaus, mit gebürtigem Name Nikolaus von der Flüe, war ein einheimischer Mystiker, der in Flüeli-Ranft lebte und wirkte. Obwohl erst im 20. Jahrhundert heiliggesprochen, wurde er bereits in früheren Zeiten verehrt. Knapp 200 Jahre nach seinem Ableben wollte man den zahlreichen Pilgern, die zu seinem Grabe strömten, mit einem grösseren Bauwerk Rechnung tragen. Ganze zwölf Jahre sollte es dauern, bis die neue Wallfahrtskirche fertiggestellt war.

Schon von aussen bietet das Gebäude einen imposanten Anblick. Im Innern werden die Reliquien von Bruder Klaus in einem Grabaltar aufbewahrt. Geht man zum rechten Seitenschiff, stösst man auf die Vitrine mit der Kutte, die er als Eremit getragen hat. Ebenfalls besichtigt werden kann die Grabkapelle, in der Bruder Klaus vor dem Bau der grossen Wallfahrtskirche bestattet war, sowie ein Meditationsbild, das er zu Lebzeiten geschenkt bekommen hat und das seine Lehren visualisiert. Es befindet sich linker Hand bei den Seitenaltären. Wer noch tiefer in die Geschichte eintauchen möchte, dem bietet eine Führung die ideale Gelegenheit dazu.

Ein Spaziergang entlang des Sarnersees sei dem Besucher ans Herz gelegt. Vom Bahnhof aus geht es über die Seestrasse zum Seeweg, an dem mehrere Badestellen liegen.

Geografischer Mittelpunkt der Schweiz

Älggialp
CH-6072 Sachseln
+41 41 666 50 40

Gasthaus Älggialp

Älggi 1
6072 Sachseln
+41 41 675 13 62

29 Wo das Herz des Landes schlägt

Geografischer Mittelpunkt der Schweiz

Ruhig ist es auf 1.650 Metern über dem Meeresspiegel. Wir stehen auf dem Mittelpunkt der Schweiz. Tannen, Steinmanndli, Grillstellen dominieren die Umgebung, und die Aussicht raubt einem den Atem. Beinahe ist die abenteuerliche Fahrt zur Älggialp im kleinen Melchtal vergessen.

Die einspurige Bergstrasse ist kurvenreich, erscheint endlos und lässt so manchem an Höhenangst Leidenden den Schweiss auf die Stirn treten. Wenn nur niemand entgegenkommt, fährt es einem auf den rund zwölf Kilometern ständig durch den Kopf. Doch wagt man einen Blick nach unten zum Vierwaldstättersee, wird der Mut belohnt! Endlich oben angekommen, überraschen die Weite des Alpbodens, die grünen Flächen und die unglaubliche Ruhe. Zum geografischen Mittelpunkt der Schweiz sind es nur noch ein paar Minuten zu Fuss, vorbei am Gasthaus Älggialp.

Eine kleine Mauer aus Steinen erhebt sich. Von oben betrachtet stellt sie ein Schweizerkreuz dar. In dessen Zentrum markiert eine Pyramide den Mittelpunkt der Schweiz. Einige Zeit lang wurde an dieser Stelle jedes Jahr eine Persönlichkeit zum »Schweizer des Jahres« geehrt. Die Namen sind auf einer Tafel für die Ewigkeit festgehalten.

1988 berechnete das Bundesamt für Landestopografie seine Koordinaten: 46° 48' 4'' N, 8° 13' 36'' E. Dadurch liegt der Mittelpunkt eigentlich etwa 500 Meter entfernt vom Steinkreuz, in unwegsamem Gelände. Das macht aber nichts, denn der symbolische Mittelpunkt der Schweiz ist allemal einen Ausflug wert. Die Älggialp bietet sich als Startpunkt für Wanderungen an. Etwas höher liegt der Seefeldsee, in dem man sogar fischen kann. Den Aufstieg zur Älggialp können Mutige natürlich auch zu Fuss oder mit dem Rad machen. Bedacht sei dabei die Steigung von über 20 Prozent.

Wer kein Picknick dabeihat, kehrt im Gasthaus Älggialp ein. In den umliegenden Gästehäusern kann man den Aufenthalt am Mittelpunkt der Schweiz ein paar Tage länger geniessen.

Spaziergang durch Flüeli-Ranft
Zur Zelle von
Bruder Klaus
Ranftweg
CH-6073 Sachseln
+41 41 660 44 18

Hotel Paxmontana
Dossen 1
CH-6073 Sachseln
+41 41 666 24 00

30 Die Wirkungsstätte von Bruder Klaus

Flüeli-Ranft

Bevor Nikolaus von der Flüe »Bruder Klaus« wurde, lebte er mit seiner Frau Dorothea Wyss in Flüeli-Ranft, wo sie gemeinsam einen Hof bewirtschafteten und zehn Kinder aufzogen. 1467 verliess er mit 50 Jahren und dem Einverständnis seiner Gattin die Familie und zog als Pilger aus. Er kehrte jedoch zurück, bevor er die Schweizer Grenze erreichte, nachdem ihn eine Vision heimgesucht hatte. Daraufhin liess er sich ein Stück abseits des Hofes in einer Klause nieder und lebte die folgenden 20 Jahre als Einsiedler. Er verbrachte die Zeit mit Beten und Fasten. Dorothea Wyss besuchte ihren Mann regelmässig und kümmerte sich um ihn. Andere reisten von weit her an, um sich bei Bruder Klaus Rat und Segen zu holen.

Auch nach seinem Tod 1487 wurde Bruder Klaus verehrt, bis er schliesslich 1947 heiliggesprochen wurde. Heute noch zieht es Pilger und Interessierte seinetwegen nach Flüeli-Ranft. Jährlich sind es mehr als 100.000 Besucher, die auf den Spuren von Nikolaus von Flüe und Dorothea Wyss deren aussergewöhnliche Lebensgeschichte erkunden.

Ein Spaziergang durch das beschauliche Flüeli, etwas oberhalb von Sachseln gelegen, führt am Gebäude vorbei, in dem Nikolaus von Flüe 1417 geboren wurde. Ganz in der Nähe steht das spätere Wohnhaus der Grossfamilie. Im Dorfbild sticht markant das im Jugendstil erbaute Hotel Paxmontana hervor. Ein Fussweg verläuft hinunter nach Ranft, zum Fluss Melchaa, wo sich die obere Ranftkapelle und die Klause befinden. Auch ein Besuch der unteren Ranftkapelle lohnt sich. Sie ist das erste Gebäude, auf das die Pilger zusteuern, die aus Richtung Stans auf dem Bruder-Klaus-Weg zum Wallfahrtsort wandern. Das grössere Kirchlein wurde nach dem Tod von Bruder Klaus gebaut, als immer mehr Pilger an seinen Wirkungsort strömten.

Vom Hotel Paxmontana öffnet sich eine Aussicht über Sachseln bis zum Sarnersee und in die Obwaldner Berge. Das Ende des 19. Jahrhunderts errichtete Gebäude steht unter Denkmalschutz.

Glaserei Hergiswil
Seestrasse 12
CH-6052 Hergiswil
+41 41 632 32 32

Seehotel Pilatus
Seestrasse 34
CH-6052 Hergiswil
+41 41 632 30 30

31 Über 200 Jahre Handwerkskunst

Glaserei Hergiswil

Ein Stück südlich von Luzern liegt Hergiswil am Vierwaldstättersee. Mit seiner Uferpromenade und den Palmen, den farbigen Häusern und üppigen Blumen strahlt der hübsche Ort mediterranes Flair aus. Weit über die Region hinaus bekannt ist die Gemeinde wegen seiner »Glasi«. Die Glashütte, die 1817 die Produktion aufgenommen hat, ist heute die letzte in der Schweiz, in der noch von Hand produziert wird.

Die Geschichte der Manufaktur thematisiert das Museum mit dem passenden Namen »vom Feuer geformt«. Die Glasi ist aber nicht nur wegen der kurzweiligen Ausstellung ein beliebtes Ausflugsziel insbesondere für Familien mit Kindern. In einem riesigen Glaslabyrinth kann man sich mit weissen Handschuhen und Filzpantoffeln seinen Weg durch den abgedunkelten Raum suchen. Einzelne Lichtquellen erhellen die Glaswände und verbreiten eine mystische Stimmung, untermalt von musikalischen Tönen. Dabei handelt es sich um Geräusche aus der Glaserei, die vom Komponisten Martin Baumgartner zu einem Klangteppich zusammengemischt wurden. Wenn man genau hinhört, erkennt man vielleicht auch das Rauschen des Vierwaldstättersees … Wer weiss? Wichtig ist, nicht so schnell wie möglich durch das Labyrinth zu eilen, sondern sich an den Scheiben entlangzutasten und die einzigartige Atmosphäre auf sich wirken zu lassen.

Ein Highlight des Besuchs ist das Erstellen einer Glaskugel. Unter fachkundiger Anleitung darf man seine eigenen Kunstwerke fertigen, ein Erlebnis, das man nicht vergessen wird. Den Glasbläsern wiederum kann man bei der Glasmacher-Plattform bei ihrer Arbeit zuschauen.

In den Wintermonaten bietet ein Eisfeld auf der Terrasse des Seehotels Pilatus die Chance, vor wunderschöner Kulisse direkt am Vierwaldstättersee eiszulaufen.

Festung Fürigen
(April bis Oktober)
Kehrsitenstrasse
CH-6362 Stansstad
+41 41 618 73 60

Erinnerungsweg am Bürgenberg
Startpunkt:
Schnitzturm
Fischergasse
CH-6362 Stansstad

32 Sicher im Bürgenberg

Festung Fürigen

Das Nidwaldner Museum besteht aus drei Standorten. In Stans, nahe der Stanserhornbahn, steht das Salzmagazin, das sich seit der Anfangszeit in der Obhut des Museums befindet. Im historischen Gebäude wird jedes Jahr eine Ausstellung zu einem Thema veranstaltet, das mit der Kultur oder Geschichte des Kantons zu tun hat. Ebenfalls in Stans liegt das Winkelriedhaus, in dem neben der Dauerausstellung wechselnde Sonderschauen mit Werken von Nidwaldner Kunstschaffenden stattfinden. Seit 1991 gehört auch die Festung Fürigen in Stansstad zu dem kulturhistorischen Ensemble und zeigt ein Stück Kriegsgeschichte des 20. Jahrhunderts.

Die Uferstrasse von Stans nach Kehrsiten wird von schroffen Felswänden gesäumt. Was wie echter Stein aussieht, ist jedoch eine Attrappe. Sie verdecken die Festung Fürigen, die im Zweiten Weltkrieg dahinter errichtet worden ist. 1941 befürchtete die Schweizer Armee einen feindlichen Einmarsch und beschloss daher, das sogenannte Reduit auszuweiten, ein System aus Befestigungsanlagen in den Schweizer Alpen. Die Festung Fürigen ist nur einer von vielen Bauten, die damals entstanden sind, und blieb bis in die 1980er-Jahre erhalten. Über ein Jahr dauerte die Fertigstellung des Stollens hinter der falschen Fassade. Darin versteckten sich eine Küche, ein Spital, Büros, Kampfstände, ein Munitionsmagazin sowie Schlafräume für 80 Soldaten.

Bei einer öffentlichen Führung des Museums Nidwalden kann die geheime Festung mit den Räumlichkeiten besichtigt werden. Die beeindruckende Ausstellung zeigt, wie der Alltag der Männer funktionierte, die an diesem Ort stationiert waren.

Noch ein Stück weiter in die Geschichte von Nidwalden taucht man auf dem Erinnerungsweg am Bürgenberg ein. Elf Stationen erzählen vom Einfall der Franzosen 1798.

Culinarium Alpinum
Mürgstrasse 18
CH-6370 Stans
+41 41 619 17 17

Stanser Hörgänge
Startpunkt: Dorfplatz
CH-6370 Stans

33 Köstlichkeiten aus dem Alpenraum

Culinarium Alpinum

Wo früher die Kapuzinermönche lebten, wird heute geschlemmt: im Culinarium Alpinum. Im 16. Jahrhundert wurde das Klostergebäude unter schwierigen Bedingungen errichtet. Während des Baus brach die Pest in Nidwalden aus, und die Ordensbrüder kümmerten sich um die Kranken der Umgebung. Die weitere Geschichte sollte nicht minder bewegt verlaufen. Ende des 18. Jahrhunderts fielen einige der Mönche dem Franzoseneinfall zum Opfer. In den folgenden Jahren wurde die Abtei besetzt und als Kaserne genutzt. Später diente der Bau als Schule, und nach der Auflösung des Konvents 2004 wurde er an den Kanton Nidwalden verkauft.

Seit 2020 beherbergt das Gebäude ein Kompetenzzentrum für Kulinarik im Alpenraum. Allein die Architektur ist einen Besuch wert, erinnert das Ensemble doch an frühere Zeiten. Im Restaurant des Culinarium Alpinums geniessen Besucher Köstlichkeiten aus der Zentralschweiz. Auf der Speisekarte wird detailliert ausgewiesen, woher Gemüse, Milchprodukte, Fleisch und sogar Pilze und Schokolade stammen. Bei schönem Wetter ist die Terrasse ein traumhafter Platz zum Schlemmen. Der Blick schweift über die Berge in die Ferne und man wähnt sich weit weg im Urlaub.

Neben dem Restaurantbetrieb ist das Culinarium Alpinum auch Herberge, Veranstaltungsort für Kurse zu kulinarischen Themen sowie für kulturelle Anlässe. Im Keller lagern zahlreiche Laibe Sbrinz-Käse. Diese sind in unterschiedlichen Reifegraden bis zu fünf Jahre alt und können im Klosterladen gekauft werden. Dort findet man allerlei Leckereien aus dem Alpenraum, von Brot über Konfitüren und Tees bis hin zu verschiedenen Salzen.

Einen Verdauungsspaziergang sollten Sie ab dem Dorfplatz auf einem der »Hörgänge« unternehmen. Wählen Sie auf dem Smartphone eine Tour aus und lassen Sie sich von Einheimischen durch Stans begleiten.

Disc Golf Stans
Engelbergstrasse 52
CH-6370 Stans

Sportgeschäft 3Sixty
Dorfplatz 6
CH-6370 Stans
+41 41 612 00 77

34 Mit dem Frisbee ums Kollegi

Disc-Golf-Kurs

Im Nidwaldner Kantonshauptort Stans liegt das Kollegium St. Fidelis, das »Kollegi«. Ein schöner Spaziergang durch die Gassen der Altstadt führt am Culinarium Alpinum vorbei dorthin. Dort angekommen, heisst es: Golfscheiben auspacken! Damit sind Frisbees gemeint, mit denen man hier einer besonderen Sportart nachgeht. Rund um St. Fidelis sind metallene Körbe aufgestellt, die zum Disc-Golf-Kurs Stans gehören.

Anfänger wie Fortgeschrittene können hier Golf mit Wurfscheiben auf elf Bahnen spielen. Sie sind zwischen 50 und 80 Metern lang und weisen unterschiedliche Schwierigkeitsgrade auf. Die erste beginnt direkt neben der Informationstafel beim WC-Häuschen der Sportanlage des Kollegis. Der Startpunkt ist signalisiert und auf dem Plan ersichtlich. Von dort aus wird nun das Frisbee zum ersten Korb geworfen. An der Stelle, wo die Scheibe landet, geht es weiter. Genau wie beim Golf oder Minigolf werden die erforderlichen Züge zusammengezählt. Ziel ist es, den gesamten Kurs mit den elf Bahnen in möglichst wenigen Würfen zu absolvieren.

Dabei müssen natürliche Hindernisse wie Büsche, Bäume, Wege und Höhenunterschiede umgangen werden. Rote Pfeile helfen bei dieser Herausforderung. Fliegt die Frisbeescheibe auf der falschen Seite um ein Hindernis oder gar aus dem Wurfbereich hinaus, gibt es einen Strafpunkt und das Spiel geht ab der Dropzone weiter. Und natürlich muss man besonders gut auf Passanten achten und das Spiel kurz unterbrechen, bis die Bahn wieder frei ist. Der Golfkurs ist auch während des Schulbetriebs geöffnet, dieser darf aber nicht gestört werden.

Neben Frisbeescheiben zum Kaufen oder Mieten findet man im Sportgeschäft 3Sixty viele weitere Sportartikel.

Aussicht vom
Stanserhorn/-bahn
Talstation:
Stansstaderstrasse 19
CH-6370 Stans
+41 41 618 80 40

35 Auf dem Gondeldach

Stanserhorn

Die Anreise auf das Stanserhorn beginnt am Fusse des Berges mitten in Stans. Von hier aus startet seit 1898 die Stanserhornbahn. Ursprünglich war der vier Kilometer lange Weg bergauf in drei Sektionen unterteilt, die alle über eine eigene Standseilbahn verfügten. Heute wird von der traditionellen Strecke nur noch der erste Abschnitt benutzt. Von Stans bis zur Zwischenstation Kälti überwindet die Standseilbahn mit ihren zwei Wagen über 1.000 Höhenmeter.

Ab Kälti geht die Reise mit der Cabrio-Bahn weiter. Eine Seilbahn ersetzt seit den 1970er-Jahren die alte Verbindung der zweiten und dritten Sektion. Seit 2012 führt in der Cabrio-Bahn eine Wendeltreppe von der Kabine auf ein offenes Oberdeck, wo die Gäste die Fahrt auf besonders spektakuläre Weise erleben können. Wie auf einem Balkon in höchster Höhe sehen sie die Umgebung und ins Tal hinunter, wo sich der Vierwaldstättersee immer weiter entfernt. Bei jedem Mast schaukelt die Gondel ein bisschen. Wer nicht schwindelfrei ist, sollte daher in der Kabine bleiben. Der Ausblick aus dem Inneren steht dem vom Dach der Gondel in nichts nach.

Oben angekommen, führt ein Rundweg auf den Gipfel des Stanserhorns auf knapp 1.900 Metern über dem Meeresspiegel. In dieser luftigen Höhe bietet sich ein Ausblick auf den gesamten Vierwaldstättersee. Rund eine halbe Stunde muss man für die kurze Wanderung einplanen. Gut geübte Berggänger können vom Stanserhorn aus eine längere Tour starten, zum Beispiel bis zur Zwischenstation Kälti. Ausflügler, die Komfort bevorzugen, haben die Möglichkeit, im Drehrestaurant das Panorama zu geniessen, bevor es mit der Cabrio-Bahn wieder nach unten geht.

Auf einem längeren Rundweg führt die Wanderung vom Stanserhorn über die Gummenalp in etwas über drei Stunden nach Wirzweli. Zurück kann man die Gondel nach Dallenwil und den Zug nach Stans nehmen.

Kanufahrt auf dem Vierwaldstättersee
Kanuwelt Buochs
Seefeld 8
CH-6374 Buochs
+41 78 635 24 14

TCS Camping Buochs
Seefeld 4
CH-6374 Buochs
+41 41 620 34 74

36 Mit dem Paddel übers Wasser

Kanufahrt auf dem Vierwaldstättersee

Der Vierwaldstättersee mit seinen vielen verwinkelten Seearmen und Buchten und den Bergen als eindrucksvolle Kulisse erinnert an manchen Stellen an einen skandinavischen Fjord. Schroffe Felsen und märchenhafte Wälder säumen vor allem das südliche Ufer. Kein Wunder, dass einen bei diesem Anblick die Lust packt, das Kanu zu schnappen und über das Wasser zu paddeln. Und das wiederum geht am einfachsten in Buochs, wo sich ein ganzes Zentrum mit zahlreichen Wassersportangeboten befindet, darunter auch die Kanuwelt.

Für Paddler ohne eigenes Boot sind genügend Kanus zur Miete vorhanden. Wer in See stechen und die Umgebung auf eigene Faust entdecken möchte, leiht sich am besten ein Kajak oder ein Kanadier. Für Familien mit Kindern gibt es sogar eine spannende Schnitzeljagd, bei der durch Paddeln und vom Wasser aus ein Schatz gefunden werden muss. Aber anders als bei einer kurzen Fahrt mit dem Pedalo sollte man für eine Kanutour einige Stunden Zeit mitbringen, gerne auch Badesachen und ein Picknick.

Empfehlenswert ist es zudem, sich einer Gruppe anzuschliessen und eine geführte Kanu-Tour zu unternehmen. Anfänger sind bei ausgewählten Touren willkommen. Die gesamte Ausrüstung und das Mittagessen werden bei diesen Ausflügen organisiert, sodass man nichts mitbringen muss ausser einiges an Muskelkraft. Denn eines ist garantiert: Der Muskelkater am nächsten Tag ist nicht ohne. Dafür ist aber der Perspektivenwechsel lohnenswert, bei dem man Bürgenstock und Buochserhorn vom See aus betrachten kann.

Mit einer Lage direkt am See und freiem Eintritt ins Strandbad überzeugt der moderne Campingplatz in Buochs.

Schmugglerwege am Trübsee
Schmugglis Erlebniswelt
Startpunkt:
Titlis Bergbahnen
Gerschnistrasse 12
CH-6391 Engelberg
+41 41 639 50 50

Titlis Cliff Walk
Gerschnistrasse 12
CH-6391 Engelberg
+41 41 639 50 50

37 Auf alten, dunklen Pfaden

Schmugglerwege am Trübsee

Wo früher der berühmte Sbrinz-Käse von Luzern über Engelberg nach Italien transportiert wurde, wandeln heute vor allem Familien rund um den Trübsee. Begleitet von Engelbert und seinem Maultier Schmuggli begeben sie sich auf historischen Schmugglerpfaden auf eine unterhaltsame Schatzsuche.

Die Anreise erfolgt von Engelberg mit der Seilbahn bis zur Zwischenstation Trübsee, wo neben wunderschönen Aussichten, einem idyllisch gelegenen Bergsee und an manchen Wochenenden auch vielen Touristen eine abenteuerliche Erlebniswelt wartet. Kurz nach der Bahnstation trifft man schon das erste Mal auf das Maultier Schmuggli. Es steht an einem beliebten Fotospot: Im Hintergrund spiegelt der Trübsee das Bergpanorama, während Ruderboote auf dem Wasser schaukeln.

Ein Prospekt weist den Weg. Spaziert man rechts am Ufer entlang, trifft man bald auf den ersten Posten und erfährt, dass Engelbert mithilfe von Schmuggli auf alten Schmugglerpfaden Salzfässer aus dem Kloster Engelberg befördert. Nun gilt es also, Engelbert und Schmuggli zu helfen. Es wird balanciert, Gewichte werden gehoben, Gold wird gewaschen und an jedem Posten ein Buchstabe eingesammelt, bis das Lösungswort erscheint.

Der Weg um den See ist kinderwagentauglich. Regelmässig bietet sich eine Stelle für eine Pause an, um die Landschaft zu geniessen. Eine Stunde sollte man daher mindestens einplanen. Beim letzten Posten befindet sich ein grosser Spielplatz mit Picknick- und Grillstelle. Die Rätsel richten sich an jüngere Kinder. Älterer Nachwuchs folgt Engelbert und Schmuggli auf dem Säumerweg vom See Richtung Wasserfall. Eine kleine Überraschung folgt am Ende des Ausflugs. Wer das richtige Lösungswort gefunden hat, darf sich einen kleinen Schatz aus einer Truhe aussuchen.

Nichts für schwache Nerven ist der Titlis Cliff Walk, die 100 Meter lange Hängebrücke auf über 3.000 Metern. Spektakulär ist auch die Anreise mit der drehbaren Luftseilbahn.

Kloster Engelberg
Benediktinerkloster 1
CH-6390 Engelberg
+41 41 639 61 61

Tal Museum Engelberg
(Juni bis Oktober)
Dorfstrasse 6
CH-6390 Engelberg
+41 41 637 04 14

38 Die Abtei am Fusse des Titlis

Kloster Engelberg

Engelberg, heute ein beliebtes Feriendomizil für Wintersportler und Gäste aus aller Welt, kann auf eine bewegte Vergangenheit zurückblicken. Neben Landwirtschaft und Handel – die Gemeinde ist über verschiedene Pässe mit Uri und über die Säumerwege mit Italien verbunden – prägte das Kloster am Fusse des Titlis die Geschichte des Ortes.

Engel sollen den Bau der Abtei veranlasst haben. Konrad von Sellenbüren aus Zürich stiftete das Kloster auf der Hochebene südlich von Stans, in dem im Jahr 1120 Mönche aus Muri das Ordensleben aufnahmen. Nur wenige Jahrzehnte später kam ein Frauenstift hinzu. Bis zu dessen Übersiedelung nach Sarnen im 17. Jahrhundert existierte somit in Engelberg ein Doppelkloster. Das Gebäude wurde über die Jahrhunderte Opfer mehrerer Brände, und die Ordensleute blieben auch von der Pest nicht verschont. Nach der Französischen Revolution verlor zudem der Abt seine politische Stellung als Talherr. Die Abtei war in verschiedene Kriege um Ländereien verwickelt. Dennoch konnte sie bis heute bestehen bleiben und beherbergt seit den 1970er-Jahren eine Stiftsschule.

Das heutige Bauwerk stammt aus dem 18. Jahrhundert und kann im Rahmen einer öffentlichen Führung besucht werden. Während einer guten Stunde werden unter anderem der Barocksaal und die Klosterkirche besichtigt. Nebenbei lernt man einiges über den Tagesablauf und die Historie des Benediktinerordens. Beeindruckend ist die Sammlung an Büchern aus dem 12. Jahrhundert, stumme Zeugen der Anfänge der Abtei. Sie gehören heute zum Bestand der Stiftsbibliothek.

Eine weitere Reise in die Vergangenheit des Ortes ist im »Tal Museum Engelberg« möglich. Das ehemalige Bauernhaus zeigt die Entwicklung vom Kloster über die landwirtschaftlich geprägte Gemeinde bis hin zum heutigen Kurort.

Aussicht vom
Bürgenstock
CH-6363 Obbürgen
+41 41 612 60 00
Naturwaldreservat
Untere Nas
Untere Nas
CH-6373 Ennetbürgen
+41 41 624 40 10

39 Wo Prominenz Geschichte schrieb

Bürgenstock

Der Bürgenstock, wie man ihn heute kennt, hat seinen Ursprung in der Entwicklung des Tourismus in der zweiten Hälfte des 19. Jahrhunderts. 1871 kauften zwei Hoteliers die Alp Tritt und eröffneten zwei Jahre später ein Grand Hotel. In den folgenden Jahrzehnten wurde der Betrieb um die Bürgenstock-Bahn ergänzt, das Hotel Palace kam hinzu, ebenso der Felsenweg, der mit seinem mystischen Ambiente und den unglaublichen Ausblicken auf den Vierwaldstättersee noch heute viele Gäste anzieht. Die Alp Tritt und der zehn Kilometer lange Bergrücken am Südufer des Vierwaldstättersees wird seither Bürgenstock genannt.

Besonders in den 1950er-Jahren erlebte der Bürgenstock viel Glamour und Prominenz. Audrey Hepburn heiratete Mel Ferrer 1954 in der kleinen Kapelle aus dem 19. Jahrhundert. Die beiden besuchten den Bürgenstock auch in den folgenden Jahren immer wieder, genauso wie Sophia Loren und ihr Mann Carlo Ponti sowie in den 1960er-Jahren Sean Connery, der damalige James-Bond-Darsteller.

Heute weisen Plaketten an den verschiedenen Häusern des 2017 neu eröffneten Resorts auf die berühmten Gäste und die illustre Geschichte des Bürgenstocks hin. Wenn man durch den Shop des Hauptgebäudes geht, gelangt man auf einen Glasbalkon, von dem aus sich ein Rundblick auf den Vierwaldstättersee eröffnet. Atemberaubend! Und das nicht nur, weil man durch den Glasboden sieht.

Eine Wanderung auf dem Felsenweg bis zum bekannten Hammetschwand-Lift lohnt sich. Der höchste frei stehende Freiluftaufzug Europas liegt nur eine halbe Stunde vom »Bürgenstock Resort« entfernt. Das spektakuläre Bauwerk stammt aus der Belle Époque. Der Aussenlift fährt die Gäste in nur einer Minute auf die Aussichtsplattform Hammetschwand.

Direkt am Vierwaldstättersee liegt das Naturwaldreservat Untere Nas. Das Waldstück wird nicht genutzt, was den Tieren und Pflanzen reichlich Lebensraum lässt. Für Besucher wurden Beobachtungsposten eingerichtet.

Risletenschlucht
Startpunkt:
Parkplatz Luftseilbahn
Beckenried–Klewenalp
Kirchweg 27
CH-6375 Beckenried
+41 41 624 66 01

40 Wo das Wasser tobt

Risletenschlucht

Die Risletenschlucht liegt etwas versteckt direkt am Ufer des Vierwaldstättersees und ist das ideale Ziel für eine Wanderung mit Picknick- und Badepause. Ab Beckenried geht es dem Ufer entlang durch ein Wohnquartier. Nach einer Dreiviertelstunde erreicht man den Badeplatz Rütenen, wo man einen Zwischenhalt einlegen kann. Der Ort eignet sich auch als Ausgangspunkt für die Wanderung zur Risletenschlucht, sollte man einen kürzeren Ausflug planen. Ab hier entwickelt sich der geteerte Weg zunehmend zu einem Wanderpfad, der über lange Treppen und Kies bis zum Picknickplatz kurz vor der Schlucht führt.

Wer im Sommer Badesachen eingepackt hat, springt in den kühlen See, während Kinder Staumauern bauen und zwischen den Steinen spielen. Holz für ein Grillfeuer ist ausreichend vorhanden, und am Felsen hinter dem Grillplatz kann man Dinosaurierspuren entdecken. Drei verschiedene Fussspuren leiten über den Kalkfelsen. Genaues Hinschauen ist gefragt! Eine Infotafel klärt über den Fund auf. Die steinerne Wand ist zudem bei Kletterern beliebt, die über 17 Routen 120 Meter erklimmen können.

Vom Rastplatz aus hört man schon die Wasserfälle, die in der nahe gelegenen Risletenschlucht toben. Der Choltalbach gräbt sich hier durch das Gestein und fliesst als Kaskade über mehrere Abstufungen in den Vierwaldstättersee. Wer über die untere Brücke geht, spürt die Wucht des Wassers, dessen feine Gischt auf den Weg spritzt. Ein steiler Pfad führt die Schlucht hinauf zu einer märchenhaften Wanderstrecke bis nach Treib, wo man das Schiff zurück nach Beckenried nehmen kann.

Von Beckenried gelangt man mit der Luftseilbahn auf die Klewenalp. Auf 1.600 Metern Höhe lockt neben der Aussicht auf den Vierwaldstättersee ein grosses Wandergebiet.

Treib-Seelisberg-Bahn
Schiffsstation Treib
CH-6377 Seelisberg
+41 41 8201563

Bergkäserei Aschwanden
Zingelstrasse 3
CH-6377 Seelisberg
+41 41 8203060

41 Ins Herz der Schweiz

Treib-Seelisberg-Bahn

Viel schöner als die Anreise über Land ist es, das Schiff nach Treib und dann die Standseilbahn in die Höhe nach Seelisberg zu nehmen. Dadurch ist der Weg an sich schon ein Abenteuer. Von Brunnen aus dauert die Schifffahrt nicht mal zehn Minuten. Wer länger unterwegs sein möchte, steigt zum Beispiel in Luzern ein.

Seit 1916 bringt die Standseilbahn Gäste von der Schiffsstation Treib bequem ins höher gelegene Dorf. Direkt gegenüber dem Anleger startet die Bahn. In nur acht Minuten wird der abgestufte Wagen auf Schienen per Seil den Berg hochgezogen, der Vierwaldstättersee entschwindet langsam den Blicken aus dem letzten Abteil. Die Fahrt führt durch grüne Wiesen, vorbei an Kühen inmitten einer lieblichen Landschaft, die zu Spaziergängen einlädt.

Bereits vor 1916 reisten Touristen nach Seelisberg. Statt mit der Bahn wurden sie in Sänften und mit Kutschen ins Dorf gebracht. Heute kann man sich kaum mehr vorstellen, wie der mühselige Aufstieg mit einer Sänfte auf den Schultern bewerkstelligt wurde. Die Treib-Seelisberg-Bahn vereinfachte die Anreise nach Seelisberg immens, verkehrte bis 1932 aber nur im Sommer. Seither fährt sie ganzjährig, ab den 1960er-Jahren wurde sie durch eine Buslinie ab Seelisberg ergänzt – ein von Ausflüglern, die ohne grosse Anstrengung den Ausblick auf den Vierwaldstättersee geniessen und die Region rund ums Rütli erkunden möchten, rege genutztes Angebot.

Wer nicht im Dorf mit seinem See, dem Wasserspielplatz und den hübschen Häusern verweilen möchte, wandert auf dem Waldstätterweg Richtung Rütli oder auf dem Jakobsweg über Beckenried nach Stans. Beide versprechen atemberaubende Aussichten. Besonders auf dem Jakobsweg sollte man schwindelfrei sein, da der Weg steil abfällt.

Bergkäse aus der Rütli-Region gibt es in der Bergkäserei Aschwanden. Ein Highlight: Sie können durch ein grosses Fenster vom Laden aus das Käsen beobachten.

Seelisbergsee beim Naturcampingplatz
Seelistrasse 4
CH-6377 Seelisberg
+41 41 8203596

Seelisberger Dorfrundgang
Startpunkt:
Bergstation Treib-Seelisberg-Bahn
Bahnhofplatz 1
CH-6377 Seelisberg
+41 41 8201563

42 Ein Sprung ins kühle Nass

Bergsee Seeli

Der Seelisbergsee macht seinem Namen alle Ehre, schliesslich wird er liebevoll als »Seeli« bezeichnet. Das kleine Gewässer liegt etwas ausserhalb von Seelisberg inmitten einer prächtigen Naturlandschaft: Bergwiesen und bewaldete Felsen wechseln sich ab und betten das Seeli am Fusse des Niederbauen harmonisch in die Umgebung ein. Ein schöner Spaziergang führt in rund 40 Minuten vom Dorf zum See.

Eine Legende rankt sich um die Entstehung des Sees, der ihr zufolge einst eine Blumenwiese war. Ein Fluch soll die Wiese überflutet und ihren Besitzer bestraft haben. Belegt werden konnte bisher lediglich, dass das Wasser durch unterirdische Zuflüsse in das Seeli gelangt und ebenso unterirdisch in den Vierwaldstättersee abfliesst.

Eine weitere Legende erzählt von einem Wassergeist, der im Seeli gewohnt haben soll: ein Wasserdrache namens Elbst, der sein Auftauchen durch Wellen auf dem Wasser ankündigte. Vor dem Elbst muss man sich aber nicht mehr fürchten. Er soll zuletzt 1926 gesichtet worden sein, als die Strasse von Emmetten nach Seelisberg gebaut wurde. Demnach ist auch das Abtauchen im See weniger abenteuerlich, seit es keinen Seedrachen mehr gibt.

Das Schwimmen im Seeli ist allerdings nur im Freibad erlaubt. Kinder vergnügen sich gerne auf der Wasserschaukel im Nichtschwimmerbereich. Neben dem Naturfreibad mit Grillstellen und Spielplatz gibt es auch noch einen Campingplatz, auf dem man von Mai bis September sein Zelt aufschlagen kann. Wer also etwas länger am See verweilen möchte, bucht dort einen Platz und schaut dabei zu, wie die Sonne untergeht und die Nacht noch mehr Ruhe über die Berglandschaft legt.

Auf Anfrage finden geführte Rundgänge durch Seelisberg statt. In diesen eineinhalb Stunden hören Sie Geschichten vom Rütli, dem alten Gotthardweg und den Bauten in und um Seelisberg.

Rütli
Am Schiffsanleger Rütli
CH-6441 Seelisberg
+41 41 8748000
(Uri Tourismus)

Wissig-Hof
Wissigstrasse 14
CH-6377 Seelisberg
+41 79 7370501 od.
+41 79 7770376

48 Die Wiege der Schweiz

Rütli

Die prominenteste Bergwiese der Schweiz liegt am Vierwaldstättersee. Hier, auf dem berühmten Rütli, der Wiese am Westufer des Urnersees, fand der Legende nach 1291 der Rütlischwur statt. Vertreter der Schweizer Urkantone Uri, Schwyz und Unterwalden versprachen sich Brüderschaft – ein Bündnis, das den gemeinsamen Kampf gegen die fremde Herrschaft durch die habsburgischen Vögte in der eigenen Heimat besiegelte. Man wollte »ein einzig Volk von Brüdern« sein, wie Friedrich Schiller 1804 in seinem Drama *Wilhelm Tell* schrieb.

Die Rütliwiese gilt als die Gründungsstätte der Schweiz. Seit über 100 Jahren findet auf der Wiese jeweils am 1. August die Bundesfeier zum Nationalfeiertag der Schweiz statt. Aber auch unter dem Jahr zieht das Rütli Besucher an. Erreichbar ist die Rütliwiese nur zu Fuss oder mit dem Schiff. Die Überfahrt ab Brunnen dauert gerade mal zehn Minuten, die Wanderung ab Seelisberg rund eine Stunde.

Nachdem Friedrich Schillers *Wilhelm Tell* die Rütliwiese über die Landesgrenzen hinaus bekannt gemacht hatte, zog die Geburtsstätte der Schweiz immer mehr Touristen an. Darunter waren sogar prominente Gäste wie König Ludwig II. von Bayern, Queen Victoria oder Mark Twain.

Wer heute zum Rütli pilgert, findet dort eine saftig grüne Bergwiese mit Picknickplätzen, ein denkmalgeschütztes Bauernhaus und den Schwurplatz mit dem Dreiländerbrunnen, dessen drei Wasserquellen symbolisch für die drei Urkantone der Schweiz stehen.

Lohnenswert ist ein Besuch der Rütliwiese auf dem »Weg der Schweiz«, einem Wanderweg, der zum 700-Jahr-Jubiläum der Eidgenossenschaft 1991 entstand. Er führt von Seelisberg über die Rütliwiese rund um den Urnersee bis Brunnen.

Übernachten Sie in der alten Scheune des Wissig-Hofs mit wunderbarem Blick auf den Urnersee. Neben dem gemütlichen Strohlager gibt es auch einen Aufenthaltsraum, in dem die Gäste verweilen können.

Weg der Schweiz
Etappe 2: Bauen–Flüelen
(März bis Oktober)
Startpunkt:
Im Dorf
(Schiffsanlegestelle)
CH-6466 Bauen

Hotel-Restaurant Zwyssighaus
Im Dorf 10
CH-6466 Bauen
+41 41 8781177

44 Geschichte erwandern

Auf dem »Weg der Schweiz« nach Flüelen

Auf den Spuren des Schweizer Gründungsmythos wandeln und dabei eine fantastische Naturlandschaft geniessen? Das ist auf dem »Weg der Schweiz« möglich, der 1991 zum 700-Jahr-Jubiläum der Eidgenossenschaft eröffnet wurde. Auf vier Etappen führt er in insgesamt 35 Kilometern vom Rütli rund um den Vierwaldstättersee bis Brunnen. Die einzelnen Etappen sind angenehm kurz, sodass der Weg auch mit Kindern machbar ist. Neben wunderschöner Natur, saftig grünen Wiesen, einem steten Panorama auf den See und vielen Spiel- und Grillplätzen leitet der Pfad einen an die Schauplätze des Schweizer Entstehungsmythos: Rütli, Tellsplatte und Tellskapelle. Die Heimat von Wilhelm Tell wird hier greifbar. Eine tolle Besonderheit: Zu den Teilabschnitten kann man auch per Schiff anreisen.

Ausgesprochen empfehlenswert ist die zweite Etappe des Weges. Auf ihr gelangt man von Bauen über Isleten und das Reussdelta nach Flüelen, sie ist zehn Kilometer lang und in rund zweieinhalb Stunden Wanderzeit zu schaffen. Pausen unterwegs lohnen sich aber sehr, denn es gibt einige schöne Fleckchen am Westufer des Urnersees. Ein Plus: Die Strecke ist für Rollstuhl und Kinderwagen geeignet.

Wir starten die Wanderung bei der Schiffsanlegestelle in Bauen und gehen durch das Dorf, das mit seinen Gässchen und der Kirche durchaus Mittelmeergefühle auslöst. Hier lebte übrigens der Komponist der Schweizer Hymne, Pater Alberik Zwyssig. Sein Denkmal steht vor der Kirche. Dem See entlang und durch Galerien marschieren wir nach Isleten – von dort führt eine Abzweigung des Weges ins Isenthal – und weiter nach Seedorf. Im Reussdelta wartet das wunderschöne Naturschutzgebiet mit den Lorelei-Inseln auf uns. Abschliessend überqueren wir die Reuss und kommen in Flüelen an, bereit für eine kühle Erfrischung in einem der vielen Restaurants.

Im denkmalgeschützten Zwyssighaus, dem Geburtshaus des Komponisten der Schweizer Nationalhymne, gibt es neben einem Restaurant mit Gourmetküche auch vier hübsch hergerichtete Zimmer zum Übernachten.

Postautofahrt ins Isenthal
Startpunkt: Haltestelle
Isleten, Seegarten
Bauenstrasse
CH-6461 Isleten

Handwärchweg – Handwerkerweg
Startpunkt: Postautohaltestelle
Chäppeli oder St. Jakob
CH-6461 Isenthal
+41 79 5104958
(Isenthal Tourismus)

45 Dü-da-do, Postauto!

Postautofahrt ins Isenthal

Nicht jedes Dorf in den Schweizer Bergen ist einfach zugänglich. Manche Orte muss man sich mit einer etwas beschwerlicheren Anfahrt verdienen. Wo früher Postkutschen hinfuhren, transportieren heute Postautos Einheimische und Touristen. So zum Beispiel im Urner Isenthal, wo eine besonders aufregende und spektakuläre Strecke auf die Reisenden wartet.

Ab Altdorf dauert die Fahrt eine gute Stunde, zuerst am Vierwaldstättersee entlang bis nach Isleten und dann weiter den Berg hinauf. Von Isleten sind es nur noch 20 Minuten, aber diese sind dafür umso spannender! Hier darf man keine Höhenangst haben, und wer leicht reisekrank wird, setzt sich lieber nicht nach hinten ins Postauto.

Kurz nach Isleten beginnt die Steigung. 180-Grad-Kurven winden sich um den Berg. Die Strasse ist schmal, das Postauto füllt beinahe die gesamte Breite aus. Entsprechend hupt es immer wieder, damit der Gegenverkehr weiss, dass es um die nächste Kurve kommt und Vortritt hat. Die Einheimischen zucken dabei nicht einmal mit der Wimper, obwohl nur ein kleines Geländer die Strasse vom Abhang trennt. Der Blick auf den See ist grandios und wird zwischendurch von Tunneln und Felswänden versperrt.

In Isenthal wartet ein hübsches Dorf umgeben von steilen Berghängen. Hier gibt es traditionelle Häuser und die Möglichkeit einzukehren. Zudem kommen Sportliche auf ihre Kosten: Im Sommer laden einige Themenwege zum Wandern und im Winter die verschneiten Berge zum Skifahren ein. Bekannt ist Isenthal zudem für die vielen privaten Seilbahnen, die den Bergbauern als Zugänge zu ihren Höfen dienen, aber nach Anmeldung auch von Touristen benutzt werden dürfen. Hier geht das Abenteuer direkt weiter!

Handwerk wird in Isenthal grossgeschrieben. Auf dem zweistündigen Themenweg zwischen Chäppeli und St. Jakob können Sie sich selbst an verschiedenen Posten daran versuchen.

Badeinseln Lorelei im Reussdelta
Wyerstrasse 65
CH-6462 Seedorf

Aussichtspunkt Kreuz
Gitschentalstrasse
CH-6462 Seedorf

46 Karibik-Feeling in Uri

Lorelei-Inseln

Ein Stück Karibik gemischt mit Bergpanorama – das sind die Lorelei-Inseln im Reussdelta des Urnersees. Das Wasser schimmert türkisblau in der Sonne, die kleinen Inseln lassen an Sandstrand und Meer denken. Hier wird an heissen Sommertagen fleissig gebadet. Die Badeinseln sind frei zugänglich, Toiletten und Grillplätze stehen ebenfalls zur Verfügung. Damit die Natur und die Tiere im Reussdelta geschützt bleiben, darf nur an den gekennzeichneten Stellen im Wasser geplanscht werden.

Die Lorelei-Inseln liegen zwischen Seedorf und Flüelen und sind zu Fuss erreichbar. Schon alleine der Spaziergang im Reussdelta lohnt sich. Schilf umgibt die Wiesen und das Seeufer, Enten fliegen umher und landen auf dem Wasser, Hunde beschnuppern die Umgebung. Rund 500 Pflanzen- und 225 Vogelarten warten im Delta darauf, entdeckt zu werden. Man muss also gar nicht bis zum nächsten Sommer warten, um die Badeinseln zu besuchen. Stattdessen kann man zu jeder Jahreszeit auf den Holzturm steigen und die Inseln von oben bewundern. Von hier aus kommt auch das Türkisblau besonders gut zur Geltung.

Entstanden sind die Inseln 2005 durch die Aufschüttung von 3,3 Millionen Tonnen Gestein aus dem Gotthard-Basistunnel. Noch 20 Jahre davor sah das Delta ganz anders aus. Damals wurde im See Kies abgebaut und die tiefen Baggerlöcher zerstörten den Boden. Daraufhin verschob sich das Ufer immer mehr ins Land hinein. Durch die folgende Renaturierung und das Anlegen der Inseln ist das Delta heute ein prächtiges Naherholungsgebiet.

Die Inseln sind rund 30 Meter vom Ufer entfernt und daher nur durch das Wasser zugänglich. Aber Achtung: Die Badeplätze sind nicht bewacht, das Schwimmen erfolgt auf eigene Gefahr.

Eine bemerkenswert schöne Aussicht auf den Urnersee hat man vom Aussichtspunkt Kreuz aus. Von Seedorf ist man in rund 20 Minuten zu Fuss oben.

Dampfbahn Furka-Bergstrecke
Juni bis September
Schweigstrasse 11
CH-6491 Realp
+41 848 000144

Schlitteln auf der Passstrasse
Furkastrasse
CH-6491 Realp

47 Bahnfahren wie früher

Dampfbahn Furka-Bergstrecke

Mitten in den Urner Bergen liegt auf 1.538 Metern über dem Meeresspiegel der Bahnhof Realp. Neben dem Autoverlad Richtung Wallis durch den Furka-Basistunnel beginnt hier zudem die alte Bergstrecke über den Pass. Sie wurde nach langjähriger Planungs- und Bauzeit 1925 als Teil einer längeren Strecke in Betrieb genommen. Allerdings war sie nicht lawinensicher, weshalb der Bahnverkehr im Winter pausieren musste. Nicht nur das, die Fahrleitungen und die Steffenbachbrücke wurden jeden Herbst zum Schutz vor Lawinen zurückgebaut und im nächsten Frühling wieder aufgebaut – ein enormer Aufwand.

Der Bau des Furka-Basistunnels in den 1980er-Jahren bedeutete das Ende der Bergstrecke. Die »Dampfbahn Furka-Bergstrecke«, ein eigens dafür gegründeter Verein, setzte sich für den Erhalt und die Renovation der nostalgischen Zahnradbahn über den Pass ein. Dank dieses Engagements können Liebhaber auch heute noch die Fahrt von Realp bis Oberwald im Wallis geniessen und dabei ein Stück Technologiegeschichte des frühen 20. Jahrhunderts erleben.

Historische Dampfzüge verkehren in den Sommermonaten auf dieser einst so bedeutsamen Strecke. Eigentlich ist sie nur etwas über 17 Kilometer lang, aber mit dem Anstieg auf 2.163 Meter über dem Meeresspiegel und dem anschliessenden Abstieg über Gletsch nach Oberwald braucht die Zahnradbahn rund zwei Stunden. Wer heute in die Bahn steigt, wird ausserdem kulinarisch verwöhnt: Auf den Fahrten wird je nach Buchung Frühstück, Apéro oder Raclette serviert. Ein köstliches Raclette zu geniessen, während der Zug sich über Brücken und durch Tunnels schlängelt, macht diesen Ausflug zu etwas ganz Besonderem.

Im Winter wandern Sie von Realp ein Stück die verschneite Furka-Passstrasse hoch und sausen mit dem Schlitten die Strasse runter.

Luftseilbahn Bristen–Waldiberg
Dorf
CH-6475 Silenen-Bristen
+41 79 691 54 23

Tellbeck
Gotthardstrasse 67
CH-6473 Silenen
+41 41 8831105

48 Einmal Bähnler sein

Luftseilbahn Bristen–Waldiberg

Die Kantone rund um den Vierwaldstättersee halten einige Bergbahnen bereit. Neben den touristischen Bahnen gibt es auch zahlreiche, die der Landwirtschaft dienen und Alpweiden erschliessen. Die wahrscheinlich vergnüglichste Fahrt verspricht die Seilbahn in Bristen im Maderanertal. Mit ihr erreicht man den Waldiberg auf knapp 1.200 Metern über dem Meeresspiegel. Bemerkenswert ist sie deshalb, weil sie an den Seiten offen ist und mit einem Selbstbedienungsautomaten funktioniert. Kleingeld sollte man bei diesem Ausflug immer dabeihaben: Den Betrag für die Fahrt wirft man in Münzen ein und dann geht es schon los. Vier Personen transportiert die überdachte Gondel, die auf den ersten Blick so aussieht, als wäre sie auf Waren und nicht auf Menschen ausgerichtet.

Etwas mulmig ist einem schon zumute, wenn man in der Selbstbedienungs-Seilbahn sitzt und auf das Dorf Bristen mit der markanten Kirche zurückblickt. Langsam entfernt es sich. Die Sicht ins Tal wird immer weiter, die umliegenden Berge, darunter der Bristen, geben ein wunderschönes Panorama ab. Wer Höhenangst hat, sollte lieber nicht zu weit ins Tal zurückschauen. Die schroffen Felswände und nahen Tannen helfen ein bisschen über das mulmige Gefühl im Bauch hinweg.

Rasch ist die Fahrt vorbei, nur sechs Minuten später erreichen wir die Bergstation, die aus einem kleinen Holzschopf besteht. Von hier aus erstreckt sich ein grossartiges Wandergebiet, gutes Schuhwerk ist ein Muss. In rund dreieinhalb Stunden gelangt man zum Seewlisee mit seinem türkisblauen Wasser. Wer diesen besuchen möchte, sollte früh aufbrechen, da auch der Rückweg eingerechnet werden muss. Kürzer und gemächlicher ist die Route zurück nach Bristen.

Spätestens auf dem Rückweg sollten Sie bei der Bäckerei Tellbeck vorbeischauen und ein paar Urner Spezialitäten einkaufen – Zigerkrapfen zum Beispiel oder Uristierli aus Schokolade.

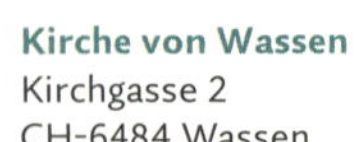

Kirche von Wassen
Kirchgasse 2
CH-6484 Wassen

Gotthard-Panoramastrecke
Schweizerische
Südostbahn
Bahnhofplatz 1a
CH-9001 St. Gallen
+41 58 5807070

49 Aller guten Dinge sind drei

Kirche von Wassen

Die Kirche von Wassen geniesst dank der Gotthardbahn Prominentenstatus. 1882 wurde die Bahnlinie eröffnet und erschloss damit die Nord-Süd-Achse auf dem Schienenweg. Seither schlängelt sich der Zug von Flüelen den Berg hoch, über Wassen nach Göschenen und schliesslich in den Gotthardtunnel hinein. Da die Gotthard-Bergstrecke für die Bahn sehr steil ist, wurde die Steigung durch einen Kehrtunnel verringert, sodass der Zug insgesamt dreimal an der berühmten Kirche von Wassen vorbeifährt.

Ein wunderschöner Anblick ist die Kirche auf jeden Fall, die spätestens seit dem Sketch von Emil Steinberger liebevoll »Chileli« genannt wird, auch wenn sie um einiges grösser ist als die Kapelle, die früher an ihrer Stelle stand. Die Kirche auf dem Hügel gibt zudem ein beliebtes Schweizer Postkartenmotiv ab, umgeben von verschneiten Bergen. Der heutige Bau im Barockstil stammt aus dem Jahr 1735. An der markanten Zwiebelspitze erkennt man das Chileli beim Vorbeifahren sofort. Aber auch ein Besuch vor Ort lohnt sich. Die drei Altäre in der Kirche stammen von Johann Jodokus Ritz, einem Bildhauer aus dem Wallis, dessen Kantonsgrenze gar nicht allzu weit entfernt ist. Das Besondere an den Altären sind die gedrechselten Säulen, die in Blau- und Goldtönen erstrahlen.

Seit der Eröffnung des Gotthard-Basistunnels im Jahr 2016 rauscht der Schnellzug nicht mehr an der Kirche von Wassen vorbei. Dennoch erinnern der berühmte Sketch von Komiker Emil Steinberger und die Szene aus dem Film *Mein Name ist Eugen*, in der der Kehrtunnel anhand einer grossen Sirupflasche erklärt wird, bis heute an die Kirche. Die alte Gotthardstrecke und die Kirche bleiben eine Kindheitserinnerung für so manchen und sind einen Ausflug wert.

Die Südostbahn befährt die historische Gotthardstrecke durch den Kehrtunnel. Steigen Sie in Luzern oder im Kanton Uri zu und sehen Sie sich durch die Panoramafenster die Kirche von Wassen an.

Teufelsbrücke
(Rundgang: Mai bis November)
Gotthardstrasse
CH-6490 Andermatt
+41 41 8887100
(Andermatt-Urserntal
Tourismus)

Boutique Hotel
The River House
Gotthardstrasse 58
CH-6490 Andermatt
+41 41 8870025

50 luzifer ausgetrickst

Teufelsbrücke

Eine Legende rankt sich um den Bau der Brücke, die um 1200 am Gotthardmassiv fertiggestellt wurde und damit den Zugang über den Pass erschloss. Bis dahin war der Durchgang durch einen Felsen oberhalb von Göschenen versperrt gewesen, ein Saumweg durch die Schöllenenschlucht beinahe unmöglich. Der Legende nach hatten die Urner irgendwann genug und fanden, dann solle doch der Teufel eine Brücke bauen. Was dieser auch tat. Nicht aber, ohne vorher eine Abmachung mit den Urnern einzugehen: Die erste Seele, die über das Bauwerk gehen würde, sollte ihm gehören. Man wurde sich einig, die Überführung entstand in Windeseile und der Teufel wartete auf seine Belohnung. Die Urner schickten anstelle eines Menschen jedoch eine Ziege über die Brücke. Man stelle sich nun die Wut des Teufels vor. Einen riesigen Stein soll er geholt haben, um sein Werk zu zerstören. Jedoch musste er sich erneut austricksen lassen: Eine alte Frau ritzte schnell ein Kreuz in den Stein, der Teufel verfehlte den Bau und der Stein landete unten im Tal, wo er heute noch bei Göschenen neben der Strasse zum Gotthardtunnel liegt.

Die sogenannte Teufelsbrücke ist genauso imposant wie die Schöllenenschlucht, die sie überquert. Allerdings handelt es sich nicht mehr um die Originalkonstruktion, mehrfach musste sie erneuert und ersetzt werden, um den Pass weiterhin zugängig zu machen. Das heutige Bauwerk wurde 1956 eröffnet, lange nachdem der Tunnel durch den Gotthard die Reise über den Pass abgelöst hatte. Ein Rundgang führt vom Restaurant Teufelsbrücke durch die Schöllenenschlucht und erzählt von der Legende sowie der Baugeschichte der Überführung und der militärischen Sicherung des Massivs bei der Schöllenenschlucht.

Übernachten wie im Bergchalet, eingebettet ins Gotthardmassiv – das geht im Boutique Hotel The River House. Das Haus ist 300 Jahre alt und wartet mit besonderem Charme auf seine Gäste.

Gotthardtunnel-Erlebnis
Startpunkt:
Bahnhof Erstfeld
Gotthardstrasse 93
CH-6472 Erstfeld
+41 41 8748000
(Uri Tourismus)

Schnitzeljagd *Erstfeld explosiv!*
Startpunkt:
Bahnhof Erstfeld
Gotthardstrasse 93
CH-6472 Erstfeld

51 Weltrekord unterm Berg

Gotthardtunnel-Erlebnis

Der längste Eisenbahntunnel der Welt ist 57 Kilometer lang und führt durch den Gotthard. Der Basistunnel wurde 2016 eröffnet und ersetzt die Gotthard-Bergstrecke von 1882. Er ist ein Wunder der Technik, 17 Jahre lang wurde rund um die Uhr daran gearbeitet. Er verbindet Erstfeld im Norden und Biasca im Tessin. Durch ihn gelangen Reisende rund 40 Minuten schneller in den Süden des Landes als auf der Bergstrecke.

Erstfeld gilt durch seine Lage als Eisenbahnerdorf. Wer sich für Züge interessiert, sollte auf jeden Fall einen Besuch einplanen. Am Bahnhof Erstfeld beginnen die zweistündigen Führungen, die Einblicke in den Gotthardtunnel und seinen Bau geben. Über zwölf Jahre alt und körperlich etwas fit muss man für die Führung sein. Ausgestattet wird man mit Leuchtweste, Helm und einer Sicherheitsinstruktion, wie man sich unter Tage zu verhalten hat. Dann geht es mit dem Bus über einen Zugangsstollen in Amsteg in den Berg hinein.

Eine Ausstellung mit Filmbeiträgen erzählt vom Bau des Tunnels. Die Guides beantworten gerne Fragen, während sie die Gäste ins Berginnere und zur Hauptattraktion geleiten: Spektakulär ist es auf jeden Fall, das Tunnelfenster, durch das man die vorbeirauschenden Züge betrachten kann. Seit der Eröffnung des Basistunnels sind es einige. Der Bahnverkehr in den Süden konnte dadurch spürbar beschleunigt und in der Frequenz erhöht werden. Die hohe Geschwindigkeit ist beeindruckend, man kommt mit dem Schauen kaum nach. Das »Trainspotting«, das Beobachten der vorbeifahrenden Züge, ist nicht nur unter Eisenbahnfans sehr beliebt.

Die Geschichte des Eisenbahnerdorfes Erstfeld entdecken Sie bei einer rasanten Schnitzeljagd durch den Ort. Dabei retten Sie den Bahnhof vor einer Explosion.

Die Weiden der
Alpkäserei Urnerboden
Klausenstrasse 29
CH-8751 Urnerboden
+41 055 6432485

Verkehrsverein Urnerboden
CH-8751 Urnerboden
+41 79 4316454

52 Köstliches von der grössten Alp

Alpkäserei Urnerboden

Es ist ein rechtes Stück Weg, die Anreise bis zum Urnerboden, aber der Ausflug lohnt sich. Mitten im schönsten Bergpanorama am Klausenpass befindet sich die grösste Alpweide der Schweiz. Auf 18 Quadratkilometern grasen in den Sommermonaten die Kühe. Die Milch wird vor Ort in der Alpkäserei Urnerboden zu köstlichen Käsesorten wie Mutschli-, Fondue- und Raclette-Käse oder Butter und Joghurt verarbeitet. Angeliefert wird sie zweimal pro Tag in grossen Kannen, manche sogar über kleine Seilbahnen, die von höhergelegenen Alpwiesen zum Urnerboden führen.

Der Alpsommer beginnt, wenn die Kühe mit ihren Älplerfamilien aus ihrem Winterquartier auf den Urnerboden reisen. Rund vier Wochen bleiben sie hier auf den saftig grünen Wiesen und warten, bis der Schnee auch in den Höhenlagen geschmolzen ist. Dann geht es hinauf zu den Alpen, bis nach einigen Wochen die »Bodäfahrt«, der Alpabzug, stattfindet und die Kühe wieder zum Urnerboden zurückkehren. Sobald die Temperaturen sinken und der Herbst sich ankündigt, machen sich Tiere mit ihren Familien auf den Weg ins Winterquartier im Unterland.

Wer den Urnerboden besucht, kann auf der riesigen Alpweide über 1.000 Kühen begegnen, die friedlich grasen. Sie gehören zu rund 50 verschiedenen Älplerfamilien. Doch aufgepasst! Manche Vierbeiner benutzen gerne die Strasse.

Das meistbesuchte Spektakel ist auf jeden Fall die »Bodäfahrt« in der zweiten Augusthälfte, bei der alle 1.000 Kühe gleichzeitig von den umliegenden Alpen in den Urnerboden zurückmarschieren. Manche sind geschmückt oder tragen ihre schönsten Glocken, deren Geläut sie bereits von Weitem ankündigt.

Schalten Sie ab und verbringen Sie ein paar Tage auf der grössten Alp der Schweiz. Beachten Sie für Ihre Anreise, dass der Klausenpass im Winter gesperrt ist.

Tell-Museum Bürglen
(Mai bis Oktober)
Postplatz
CH-6463 Bürglen
+41 41 8704155

Gemeinde Bürglen
Schulhausplatz 6
CH-6463 Bürglen
+41 41 8741040

53 Mythos eines Freiheitskämpfers

Tell-Museum

Der Wattigwilerturm in Bürglen ist ein Wohnturm aus dem 13. Jahrhundert, wie er im Kanton Uri vielfach vorzufinden ist: ein quadratischer Bau mit dicken Steinmauern und einem hölzernen Obergeschoss. Er wurde in den 1960er-Jahren renoviert und beherbergt seit 1966 das Tell-Museum. Darin befindet sich eine kleine Ausstellung auf drei Stockwerken, die dem Mythos Wilhelm Tell auf eine besondere Art begegnet. Denn das Museum erzählt nicht noch einmal die immer gleiche Geschichte vom Nationalhelden, der sich gegen Gessler auflehnt und für Gerechtigkeit und Unabhängigkeit steht. Vielmehr werden Besucher mit Fragen konfrontiert, die sich mit genau diesem Thema auseinandersetzen: Was ist Gerechtigkeit? Wie weit darf man dafür gehen? Auch Kinder können dank der Ausstellung in Bild und Ton die Geschichte Tells nachvollziehen.

Im Museum sind Gegenstände aus sechs Jahrhunderten ausgestellt, die sich mit Tell beschäftigen. Ausserdem können Werke des Basler Künstlers Ernst Stückelberg, von dem die vier Fresken in der Kapelle bei der Tellsplatte in Sisikon stammen, besichtigt werden.

Das kleine Museum im Wattigwilerturm zeigt nur einen Teil der Ausstellung. Diese führt hinaus ins Freie, an Orte, die dem Nationalhelden Wilhelm Tell gedenken. In Bürglen, unweit des Museums, finden wir die Tellskapelle. Anschliessend spazieren wir auf einem Lehrpfad zum Tell-Denkmal nach Altdorf. An acht Stationen wird unterwegs die Geschichte des berühmten Urners nacherzählt. Danach geht unsere Entdeckungsreise rund um den Vierwaldstättersee weiter zu Tellsplatte, Rütli und Schillerstein. Diese Orte gehören zur Freilichtausstellung des Museums und können auch unabhängig davon besucht werden.

Bürglen liegt am Eingang des Schächentals und gilt als die Heimat von Wilhelm Tell. Ein Spaziergang durch den Ort lässt so manchen Hinweis auf den Nationalhelden entdecken.

Pumptrack Grundmatte
Allmendstrasse
CH-6467 Schattdorf
Luftseilbahn Haldi
Wyergasse 2
CH-6467 Schattdorf
+41 41 8702109

54 Biken und Skaten mit Bergblick

Pumptrack

Schattdorf ist die zweitgrösste Urner Gemeinde. Sie liegt im Reusstal, unweit des Kantonshauptortes Altdorf. Auf dem Weg zum Gotthard lohnt es sich, hier haltzumachen und Fahrrad, Tretroller oder Skateboard auszupacken. Am Dorfrand liegt der grösste Pumptrack der Zentralschweiz. Er wurde 2017 eröffnet und lässt seither Skater- und Bikerherzen höherschlagen.

Wer mit dem Auto anreist, findet neben der Schule Grundmatte Parkplätze, aber auch zu Fuss ist es von der Ortsmitte nicht allzu weit bis zur Sportanlage, die sowohl schön gelegen ist als auch besten Komfort bietet. So ist es auch kein Wunder, dass man hier auf andere Familien trifft. Während die Eltern im Schatten sitzen und schwatzen, übt sich der Nachwuchs im sogenannten »Pumpen«, dem Befahren der Strecke. Ziel ist es, den Pumptrack mit Auf- und Abbewegungen des Körpers zu meistern, ohne in die Pedale zu treten oder sich mit dem Fuss abzustossen. Dazu braucht es ganz schön viel Körperkraft, Balance und Koordination. Die Strecke in Schattdorf ist ein asphaltierter Rundkurs. Dank der vielen Verwinkelungen und des grossartigen Streckendesigns ist er über die Region hinaus beliebt. Wer sich noch nicht ganz traut, wagt in einem kleineren Nebenkurs seine ersten Runden.

Direkt neben dem Pumptrack befindet sich ein grosszügig angelegter Spielplatz mit Klettergerüsten, Slacklines, Wasserspielen, Schaukeln, Rutschen, Grillstellen und zwei Picknicktischen. Ausserdem stehen Toiletten zur Verfügung. Ein ausgezeichneter Ort, um einen Moment zu verweilen und bei wunderbarem Bergpanorama Koordination und Balance zu trainieren oder auch einfach nur eine Rast einzulegen.

Mit der Luftseilbahn gelangen Sie schnell von Schattdorf auf das Haldi, wo ganzjährig sportliche Aktivitäten Besucher locken.

Burgruine Attinghausen
Schulhausweg 9
CH-6468 Attinghausen

Luftseilbahn Attinghausen Brüsti
Kohlplatz
CH-6468 Attinghausen
+41 41 8701461

55 Zwischen Gotthard und Surenenpass

Burgruine Attinghausen

Am westlichen Reussufer liegt Attinghausen. Neben seiner strategisch wichtigen Lage an der Nord-Süd-Achse grenzt das Dorf im Westen an die Obwaldner Gemeinde Engelberg. Das dazwischen liegende Alpwirtschaftsgebiet Surenen mit seinem gleichnamigen Pass wird seit dem 12. Jahrhundert von den Bewohnern von Attinghausen genutzt, weshalb sie einige hundert Jahre lang im Streit mit dem Kloster Engelberg lagen. Der Konflikt ist jedoch schon längst beigelegt, und seit dem Bau der Luftseilbahn nach Brüsti ist das Alpgebiet touristisch erschlossen. Heute werden von Attinghausen aus gerne Wanderungen und Skitouren gemacht. Die umliegenden Wälder und der Blick auf das Urner Reusstal sind den Besuch auf jeden Fall wert.

Mitten im Dorf, auf einem Hügel, erhebt sich die Ruine der einst wichtigsten Burg in Uri. Ihre Ursprünge reichen bis etwa 1100 zurück, im 13. Jahrhundert erhielt sie ihre Form, von der die Mauerreste bis heute zeugen. Eine Tafel bei der Ruine erzählt die kurze Geschichte der Burg. Nur knapp drei Jahrhunderte lang war die Festung bewohnt, deren Grundriss um einiges grösser war, als die Überreste heute zeigen. Sie war ein befestigtes Herrschaftszentrum, das aus einer Ringmauer, einem zwei Meter tiefen Burggraben und einer Kernburg bestand. Später wurde der Wohnturm erhöht und umfasste vier Stockwerke. Die Burgherren wachten von hier über die Hauptverkehrswege zum Gotthard und über den Surenenpass, bis die Festung im 14. Jahrhundert niederbrannte und nicht wiederaufgebaut wurde.

Heute ist der Burghügel in Attinghausen ein stimmungsvoller Ort für eine Rast. Ein Picknickplatz lädt zum Verweilen und Träumen vom mittelalterlichen Leben auf der Burg ein. Wer zwischen den Mauerresten schlendert, kann sich dieser Atmosphäre kaum entziehen.

Mit der Seilbahn geht's hoch aufs Brüsti. Von dort wandert man zwischen Juni und Oktober über den Surenenpass bis Engelberg. Die Aussicht auf den Urnersee und ins Reusstal ist atemberaubend.

Talboden Bike 402
Startpunkt:
Bahnhof Altdorf
Bahnhofplatz 1
CH-6460 Altdorf

Historisches Museum Uri
Gotthardstrasse 18
CH-6460 Altdorf
+41 41 8701906

56 Mit dem Fahrrad der Reuss entlang

Genusstour »Talboden Bike 402«

Es müssen nicht immer das Auto oder der Zug sein, um die Landschaft zu erkunden. Von Altdorf aus führt die Mountainbikeroute 402 Richtung Gotthard. Die Strecke eignet sich perfekt für den Familienausflug: 28 Kilometer ohne nennenswerte Steigungen, und am Ende ist man wieder am Ausgangspunkt, vor dem Bahnhof in Altdorf.

Zunächst geht es durch Altdorf und über die Reussbrücke nach Attinghausen. Von hier aus folgen wir dem Fluss bis zur Reussbrücke in Erstfeld. Bei der Gotthard-Raststätte empfängt uns der sogenannte »Ort der Besinnung«, eine architektonisch sehr interessante Autobahnkirche in Form eines Kubus. Im Hof der Kirche steht ein Brunnen, dessen Wasser vom Gebäude weg in die Reuss und weiter bis in den Nordatlantik fliesst.

Unsere Reise geht weiter in den Süden. Von Erstfeld fahren wir auf einer Nebenstrasse, vorbei an Höfen und Feldern, durch Butzen bis Amsteg. Hier befindet sich die Ruine der Burg Zwing-Uri, von der aus die Habsburger die Urner kontrollierten. Sie wurde in den Habsburgerkriegen zerstört.

Wir lassen die Burg hinter uns und radeln über Silenen zurück nach Erstfeld, wo wir haltmachen. Hier beobachten wir vom Panoramaturm aus die verschiedenen Züge, die im Gotthardtunnel verschwinden. Danach steht die Besichtigung der »Krokodil-Lok« an, einer berühmten Lokomotive aus der Zeit um den Ersten Weltkrieg, als die Kohle knapp wurde und auf elektrischen Antrieb umgestellt werden musste. In der Schweiz sollte die Gotthardstrecke elektrifiziert werden, und so kam die »Krokodil« zum Zug, deren Name sich durch ihre charakteristische Silhouette erklärt. Von der Reussbrücke bei Erstfeld ist es gar nicht mehr allzu weit bis Altdorf, wo wir wieder am Ausgangspunkt ankommen.

In Altdorf lohnt sich ein Abstecher ins Historische Museum Uri. Neben Ausstellungsstücken von der Frühzeit übers Mittelalter bis ins 19. Jahrhundert finden sich wechselnde Sonderausstellungen.

Telldenkmal
Rathausplatz
CH-6460 Altdorf
Uri Tourismus
Schützengasse 11
CH-6460 Altdorf
+41 41 8748000
1307

57 Selfie mit Wilhelm und Walter

Telldenkmal

Mitten auf dem Rathausplatz in Altdorf steht das berühmteste Telldenkmal der Schweiz. Mit geschulterter Armbrust steht Nationalheld Wilhelm Tell da, den Arm um seinen Sohn Walter gelegt.

Der Legende zufolge liess der habsburgische Landvogt Gessler zu Lebzeiten Wilhelm Tells in Altdorf einen Hut auf einer Stange aufstellen. Die einheimischen Untertanen sollten diesen beim Vorbeigehen grüssen und damit ihre Ergebenheit gegenüber dem Vogt und den Habsburgern zum Ausdruck bringen. Wilhelm Tell aber verweigerte den Gruss. Zur Strafe sollte er mit der Armbrust einen Pfeil in einen Apfel schiessen. Der Haken an der Sache: Der Apfel befand sich auf dem Kopf von Wilhelm Tells Sohn Walter. Tell bereitete zwei Pfeile vor. Mit dem ersten traf er mitten in den Apfel, sein Sohn überlebte unversehrt. Andernfalls hätte Tell mit dem zweiten Pfeil auf den Vogt geschossen. Für diesen Frevel wurde er gefangen genommen, bei der Tellsplatte zwischen Sisikon und Flüelen konnte er jedoch entkommen.

Das Telldenkmal in Altdorf wurde vom Bildhauer Richard Kissling erstellt und 1895 eingeweiht. Es steht vor dem »Türmli«, einem Wohnturm aus dem 13. Jahrhundert, der später in den Besitz von Uri überging und zu einem Uhrturm mit mechanischem Uhrwerk umfunktioniert wurde. Heute ist der Turm öffentlich zugänglich. Über 86 Treppenstufen gelangt man auf eine Plattform, von der aus man einen schönen Rundumblick auf Altdorf und die Urner Alpen hat. Mit seiner farbig bemalten Fassade bildet das Türmli einen stimmigen Hintergrund für die Statue von Wilhelm Tell und dem kleinen Walter. Hier werden gerne Erinnerungsfotos mit dem berühmtesten Schweizer gemacht.

Beim Altdorfer Telldenkmal startet die Etappe 8 der Via Gottardo. Sie führt auf dem Weitwanderweg an Kapellen und mittelalterlichen Wohntürmen vorbei durch das Urner Reusstal bis nach Wassen.
www.schweizmobil.ch

Schloss Rudenz
Flüelerstrasse
CH-6454 Flüelen
Weg der Schweiz
Etappe 3: Flüelen–Sisikon
Startpunkt:
Bahnhof Flüelen
Bahnhofstrasse
CH-6454 Flüelen

58 Spielen zu Hofe

Schloss Rudenz

Mitten im alten Kern von Flüelen steht das Schloss Rudenz. Es ist ein trutziger Bau aus dem 13. Jahrhundert mit einem mächtigen Turmsockel aus Stein und einem Aufbau aus der Neuzeit.

Das Schloss stammt aus einer Zeit, in der mit dem Gotthardpass ein neuer Zugang über die Alpen geschaffen wurde. Der Gebirgspass verbindet seit dem Mittelalter die Kantone Uri und Tessin miteinander und ermöglicht das Reisen auf der Nord-Süd-Achse. Dieser neue Verkehrsweg blieb nicht ohne Auswirkungen auf das bisher abgelegene Urnerland, und so mussten entsprechende Massnahmen getroffen werden. In Flüelen entstanden am Seeufer ein Hafen und an der heutigen Axenstrasse eine befestigte Burg als Wohn- und Wehrturm. Wer darin lebte, zog den Zoll ein.

Im 15. Jahrhundert veränderte sich das Zollrecht, und so verlor der Bau an Bedeutung. Heute gehört er der Gemeinde Flüelen. Die Innenräume können zwar nicht ohne Weiteres besichtigt werden, stehen aber für Trauungen zur Verfügung. Dafür darf es rund um das Schloss wild hergehen: Der Park wurde von der Gemeinde in einen Kinderspielplatz umfunktioniert. Wer möchte nicht an so einem geschichtsträchtigen Ort Ritter spielen oder vor dem Bergpanorama auf einer Schaukel durch die Lüfte fliegen?

Das Schloss Rudenz eignet sich ideal für einen Zwischenstopp auf der Reise mit der Familie Richtung Gotthard oder zurück. Hier können sich die Kinder austoben, während die Erwachsenen auf der Bank ausruhen. Glücklicherweise wird an diesem schönen Ort kein Zoll mehr verlangt, dafür gibt es in den kleinen Gassen rund um die Burg einige Restaurants und Pizzerien. Zum heutigen Hafengelände ist es übrigens auch nicht allzu weit.

Der »Weg der Schweiz« führt in der Nähe des Schlosses vorbei. Die dritte Etappe des Wanderweges startet in Flüelen und leitet über den Seeuferweg und die Axenstrasse bis nach Sisikon.

Luftseilbahn zum
Bergrestaurant Oberaxen
Talstation:
Axenstrasse 100
CH-6454 Flüelen
+41 41 8709312

59 Genuss mit Aussicht

Restaurant Oberaxen

Auf rund 1.000 Metern über dem Meeresspiegel liegt das Restaurant Oberaxen. Zu erreichen ist es zu Fuss oder mit einer der vielen Seilbahnen, die die Berge rund um den Vierwaldstättersee erschliessen. Die Talstation der Luftseilbahn Oberaxen befindet sich am Dorfrand von Flüelen. Vier Personen können die Bahn gleichzeitig nutzen, sie startet jede halbe Stunde. Bereits die Fahrt ist ein Abenteuer, die Aussicht auf den Vierwaldstättersee spektakulär. Sie ergibt eine neue Perspektive auf die schroffe Felswand des Axen, der sich aus dem See zu erheben scheint. Wer keinen zusätzlichen Nervenkitzel benötigt oder nicht ganz schwindelfrei ist, sollte nicht auf den See hinunterschauen, denn es geht steil bergab.

Oben angekommen, wartet das Bergrestaurant Oberaxen mit seiner Panoramaterrasse auf die Gäste. Kinder hüpfen auf dem Spielplatz auf dem Trampolin, während Erwachsene die Sonne auf der Terrasse geniessen. Gekocht wird traditionell schweizerisch, und zwar so wie bei den eigenen Grosseltern. Es gibt Spätzli, Biofleisch vom eigenen Hof, regionale Produkte und liebevoll hausgemachte Gerichte. Hier herrscht durch und durch eine familiäre Atmosphäre.

Wer sich nicht mit vollem Bauch verausgaben möchte, fährt lieber nur mit der Bahn oder plant den Restaurantbesuch als Belohnung auf dem Rückweg ein. Für geübte Wanderer ist der Hausberg Rophaien von Oberaxen aus in rund drei Stunden erreichbar. Das Gipfelkreuz thront auf 2.078 Metern über dem Meeresspiegel. Das letzte Stück dahin geht steil bergauf. Der Rophaien bildet zusammen mit dem Fronalpstock die Felswand des Axen, dessen gleichnamige Strasse am Ostufer des Urnersees entlangführt.

In einer Stunde spazieren Sie gemütlich vom Bergrestaurant Oberaxen nach Sisikon zur Tellsplatte, wo einst Wilhelm Tell dem Landvogt Gessler entkam.

Tellsplatte
Axenstrasse
CH-6452 Sisikon
Weg der Schweiz
Etappe 4: Sisikon–Brunnen
Startpunkt:
Bahnhof Sisikon
Bahnhofstrasse
CH-6452 Sisikon

60 Dem Vogt entkommen

Tellsplatte mit Tellskapelle

Nach dem berühmten Apfelschuss wird Wilhelm Tell vom habsburgischen Landvogt gefangen genommen. Mit dem Schiff soll er über den Vierwaldstättersee nach Küssnacht in die Gesslerburg gebracht werden. Ein Sturm verhilft Tell zur Flucht. Dem Nationalhelden gelingt es, das Boot geschickt Richtung »Axen«, einer steilen Felswand am Urnersee, zu lenken. Dort springt er auf einen steinernen Vorsprung am Ufer, versetzt dem Boot einen Stoss und verschwindet, so schnell er kann. Später wird er in der »Hohlen Gasse«, einem Wegstück zwischen Immensee und Küssnacht, auf den Vogt warten, um ihn dort mit seiner Armbrust zu erschiessen. So erzählt es die Legende.

1388 wurde an der Tellsplatte, dem Ort, an dem Wilhelm Tell aus Gesslers Boot gesprungen sein soll, eine erste Kapelle errichtet. In der heutigen Kapelle zeigen vier Fresken von Ernst Stückelberg Szenen aus der Geschichte um Wilhelm Tell: den berühmten Apfelschuss, der Tell überhaupt erst in seine missliche Lage gebracht hat, den Tellsprung aus dem Boot auf die Tellsplatte, Gesslers Tod in der Hohlen Gasse und den Rütlischwur, mit dem die drei Urkantone die Eidgenossenschaft besiegelten.

Ein Stück oberhalb der Tellskapelle steht auf einer Wiese ein grosses Glockenspiel mit 37 verschiedenen Glocken. Zu jeder vollen Stunde kann das Glockenspiel während zehn Minuten über ein Schaltpult bedient werden. Versuchen Sie es selbst und lassen Sie beispielsweise die Ouvertüre zu Gioachino Rossinis Oper *Wilhelm Tell* abspielen.

Ein Besuch der Tellsplatte und des Glockenspiels lässt sich sehr gut mit einer Schifffahrt über den Vierwaldstättersee oder mit einer Wanderung auf dem »Weg der Schweiz« verbinden.

Der »Weg der Schweiz« von Sisikon bis Brunnen ist die letzte Etappe des Panoramawanderweges. Rund drei Stunden sollten Sie für die Strecke über die Kantonsgrenze nach Schwyz einplanen.

Spaziergang ums
Naturschutzgebiet Hopfräben
Startpunkt:
Strandbad Hopfräben
(Mai bis September)
Gersauerstrasse 83
CH-6440 Brunnen
+41 41 8202146

Auslandschweizerplatz
Föhnhafen 1
CH-6440 Brunnen
+41 41 8250040

61 Mitten im Muotadelta

Naturschutzgebiet und Strandbad Hopfräben

Wo die Muota in den Vierwaldstättersee mündet, ist die Natur ausnehmend schön. Der rund 30 Kilometer lange Fluss fliesst vom Muotatal den Berg hinunter, bis er bei Brunnen den See erreicht. Das Ufer lädt zum Flanieren ein, Spaziergänger erfreuen sich an der Flora und Fauna des Deltas, während im nahen Strandbad gespielt und geplanscht wird.

Hinter dem Ufer beginnt mit dem Flachmoor Hopfräben die ausgewiesene Schutzzone, die seit 2019 renaturiert wird. Darin leben verschiedene Amphibienarten, unter anderem die Gelbbauchunke. Das Kennerauge kann acht verschiedene Orchideenarten entdecken, die in den feuchten Auen zu Hause sind. Vom Parkplatz des Strandbads aus beginnen wir unseren Spaziergang rund um das Naturschutzgebiet über den Campingplatz zur Hopfräbenstrasse und zur Muotamündung. Von hier aus sieht man links den Urnersee, gegenüber den Seelisberg und rechts weist der Vierwaldstättersee in Richtung Gersau.

Zum Ausklang des Ausflugs im Muotadelta lädt das Strandbad Hopfräben. Es wurde vor wenigen Jahren neu gestaltet und bietet neben modernen Umkleiden viel Platz auf den Liegewiesen. Gäste können kann sich am Imbiss verpflegen und am Sandstrand die Füsse ins kühle Nass strecken. Besonders beliebt bei den Jüngeren ist die Kletteranlage auf dem Sandstrand. Hier wird balanciert, geklettert, gestaut, und für den Bau von Sandburgen kann man gleich das Wasser aus dem See nutzen. Wahrscheinlich werden die Kinder beim Spielen die Zeit vergessen. Das macht aber nichts, denn am Abend ist die Stimmung am Strand noch schöner. Dann zieht die Sonne langsam weiter Richtung Bürgenstock und ans andere Ende des Vierwaldstättersees.

Vom Naturschutzgebiet Hopfräben spaziert man in rund 20 Minuten zum Auslandschweizerplatz, der ebenfalls am See liegt und ideal zum Flanieren und Fotografieren ist.

Geführte Kanufahrt auf der alten Handelsroute Adventure Point & Kanustation Brunnen
Föhnhafen 6
CH-6440 Brunnen
+41 79 2477472

Restaurant Urmiberg
Startpunkt: **Seilbahn Brunnen-Urmiberg**
Schillerweg 2
CH-6440 Brunnen
+41 41 8201405

62 Auf der alten Handelsroute

Geführte Kanufahrt

Brunnen teilt sich das Schicksal mit vielen Orten am Vierwaldstättersee. Das einstige Fischerdorf an der Hauptverkehrsachse über den Gotthard nach Mailand entwickelte sich zu einem wichtigen Umschlagplatz für Waren, bevor es mit dem Aufkommen des Tourismus zu einem beliebten Kurort wurde. Heute noch erstrahlt die Uferpromenade von Brunnen im Glanz des 19. Jahrhunderts. Bei einem Spaziergang am Hafen fühlt man sich in die Zeit zurückversetzt, als hier Güter auf Schiffe geladen wurden, um über die Alpen in den Süden weiterzureisen.

Diese alte Handelsroute lässt sich am besten auf einer geführten Kanutour erkunden. Dabei entdecken wir vom Wasser aus zugleich die Gegend rund um das Rütli. Die mehrstündige Tour muss im Voraus gebucht werden. Beim Föhnhafen in Brunnen, vom Haupthafen ein Stück rechts gelegen, startet die Reise im Kanu. Sie führt über den See zum Felsentor, durch das man hindurchpaddeln kann. Schon wird das Rütli sichtbar, die geschichtsträchtige Wiese, auf der die Eidgenossenschaft ihren Ursprung hat. Unweit davon ragt der Schillerstein mit seinen ungefähr 20 Metern Höhe aus dem Wasser. Dieser Fels wird im *Weissen Buch von Sarnen* unter dem Namen Mythenstein als Wegweiser zum Rütli erwähnt. Er wurde zum 100. Geburtstag von Friedrich Schiller, dem Autor von *Wilhelm Tell*, umbenannt und zu Ehren des Dramatikers in ein Denkmal umgewandelt.

Wir drehen den hohen Klippen rund um das Rütli den Rücken zu, nicht ohne ab und zu einen Blick zurückzuwerfen. Anstatt nach Flüelen oder Treib zu reisen, wie es die Handelsschiffe zu früheren Zeiten gemacht haben, kehren wir zurück nach Brunnen.

Ab Brunnen fährt die private Seilbahn zum Urmiberg, wo das gleichnamige Restaurant mit schönem Ausblick und Kulinarischem verwöhnt.

Flying Fox Parcours
(April bis Oktober)
Dorfstrasse 10
CH-6443 Morschach
+41 41 8255450

Feuerstelle Axenstein
CH-6443 Morschach

63 Flug über den See

Flying Fox Parcours

Ein Abenteuer für Furchtlose eröffnet in Morschach ganz neue Perspektiven auf den Vierwaldstättersee: der Flying Fox Parcours. Der Hochseilgarten entführt inmitten der idyllischen Landschaft in luftige Höhen und verspricht einzigartige Ausblicke.

Nach der Instruktion geht es los mit dem Adrenalinkick. Dafür braucht man bequeme Kleidung, geschlossene Schuhe und vor allem Handschuhe, die man vor Ort kaufen kann. Helm und Klettergurt stehen zur Verfügung. Auf insgesamt 1.000 Metern wird mit der Seilrutsche von Plattform zu Plattform geflogen. Mal geht es durch den Wald, mal über Felsen und sogar ein Stück über den Vierwaldstättersee . Der Parcours ist in drei Trails aufgeteilt. Der *Cliff Trail* führt Unerschrockene über das Gewässer. 250 Meter in die Tiefe kann man dabei schauen. Diesen Anblick wird man nicht so schnell vergessen, genauso wenig wie das Herzklopfen, das man bei diesem einzigartigen Erlebnis verspürt. Etwas weniger Mut braucht der *Fronalpstock Trail,* bei dem man Richtung Berge fliegt, und der *Panorama Trail* besticht mit eindrucksvollen Aussichten auf den See, die Berge und Orte wie Brunnen und das Rütli. Für den gesamten Parcours mit 18 Plattformen braucht man ungefähr eine Stunde. Ausstiegsmöglichkeiten existieren an zwei Stellen. Kinder ab einer Körpergrösse von 1,40 Meter dürfen ebenfalls mitrutschen.

Der Flying Fox Parcours gehört zum Swiss Holiday Park in Morschach, der neben Übernachtungsmöglichkeiten unzählige Sportarten wie Tennis, Reiten oder Minigolf anbietet. Ein längerer Aufenthalt lohnt sich auf jeden Fall. Familien mit Kindern sollten unbedingt eine der unterschiedlich langen Schnitzeljagden ausprobieren, bei denen man mit detektivischem Geschick auf Spurensuche geht und Kriminalfälle löst.

Packen Sie Grillgut ein und wandern Sie von Morschach rund eine Viertelstunde zum Axenstein. Dort befindet sich eine grosse Feuerstelle. Brennholz, Tische und Bänke sind vorhanden.

Bundesbriefmuseum
Bahnhofstrasse 20
CH-6430 Schwyz
+41 41 819 20 64

Victorinox Factory Store
Schmiedgasse 57
CH-6438 Ibach
+41 41 818 12 99

64 Ein Stück Gründungsmythos

Bundesbriefmuseum

Allein das Gebäude des Bundesbriefmuseums zieht die Blicke auf sich. Die Fassade ist von der Strasse aus gut zu sehen. Über eine breite Treppe nähern wir uns dem Gemälde, das die Hauswand ziert. Es fühlt sich ein bisschen so an, als ginge man auf einen Tempel zu, was beim Bau des Museums auch geplant war: Man wollte einen Tempel für das Verfassungsdokument aus dem späten 13. Jahrhundert schaffen. Versehen ist der Bundesbrief mit Siegeln der drei Urkantone Uri, Schwyz und Unterwalden, datiert ist er auf Anfang August 1291.

Das Dokument wurde mal als Fälschung bewertet, mal tauchte eine deutsche Übersetzung des auf Latein verfassten Schriftstücks auf, bis es schliesslich 1891 zum 600-Jahr-Jubiläum grosse Aufmerksamkeit bekam. Seit diesem Zeitpunkt wird die Gründung der Eidgenossenschaft auf den 1. August 1291 datiert. Bis dahin hatte man die Schlacht am Morgarten 1315 als Ursprungsdatum der Entstehung der Schweiz angenommen.

In den 1930er-Jahren wurde dem Bundesbrief ein komplettes Haus gewidmet: das Bundesbriefmuseum in Schwyz, das im Sinne der sogenannten »geistigen Landesverteidigung« den Zusammenhalt der Schweiz gegen die Krisen, die das Land zu zerrütten drohten, stärken sollte. Werte wie Einigkeit, Demokratie und Freiheitswille, wie sie im Bundesbrief abgebildet sind, soll das von Josef Beeler errichtete Gebäude zelebrieren. Die Fassade wird seit 1936 von einem Wandbild von Heinrich Danioth geschmückt, von dem auch die Darstellung des Teufels in der Schöllenenschlucht stammt. Das *Fundamentum* von Danioth stellt die Gründung der Schweiz auf dem Rütli dar.

Heute thematisiert das Bundesbriefmuseum die Geschichte des Schriftstücks. Dabei zeigt die Ausstellung, wie der Mythos um den Ursprung der Eidgenossenschaft entstand und welche Funktion dem Dokument dabei zukommt.

Das berühmte Schweizer Taschenmesser wird bei Victorinox in Ibach hergestellt. Im Fabrikladen können Sie sich mit Souvenirs für alle Lebenslagen eindecken.

Standseilbahn Schwyz–Stoos
Talstation:
Grundstrasse 234
CH-6430 Schwyz
+41 41 8180808

Moorweg beim Stoos-Seeli
Startpunkt:
Ringstrasse 79
CH-6433 Stoos

65 Steil, steiler, Weltrekord

Standseilbahn nach Stoos

Spektakulär ist die Fahrt mit der Standseilbahn ab Schwyz, die in nur vier Minuten die Gäste ins autofreie Bergdorf Stoos befördert. Mit 110 Prozent Steigung ist sie die steilste Standseilbahn der Welt. Einzigartig ist auch, dass die Kabinen in der Tal- und Bergstation ebenerdig nebeneinander angeordnet sind. Jeder der vier Waggons dreht sich während der Fahrt und richtet sich so immer wieder horizontal aus. Die zunehmende Steigung lässt sich währenddessen auf einer Anzeige mitverfolgen.

Etwas mulmig kann einem davon schon werden. Besonders wenn man in den dunklen Tunnel abtaucht, unter sich die anderen Kabinen sieht und der Eingang dem Blick langsam entschwindet. Am Ende ist es zwar nicht viel anders als Liftfahren, allerdings eine deutlich spannendere Erfahrung.

Bevor die »Weltrekordbahn« 2017 in Betrieb ging, war bereits ab 1933 eine klassische Standseilbahn mit abgestuften Abteilen vom Tal ins Bergdorf gefahren. Die heutige Verbindung überbrückt eine 1.740 Meter lange Strecke und einen Höhenunterschied von 744 Metern.

Das kleine Bergdorf Stoos liegt mit seinen 150 Einwohnern im gleichnamigen beliebten Skigebiet. Abseits der Wintersaison bietet es zahlreiche Aktivitäten inmitten der malerischen Landschaft. Stoos ist Ausgangspunkt für zahlreiche Höhenwanderungen. Per Sesselbahn gelangt man auf 1.935 Höhenmeter zum Gipfel des Fronalpstocks und geniesst von dort aus eine wunderbare Aussicht auf den Vierwaldstättersee. Auch die Bergkapelle Stoos in der Mitte des Dorfes ist einen Spaziergang wert. Wer sich auf die Stufen vor der Kapelle setzt, blickt direkt auf das Bergmassiv der Mythen.

Der Moorweg bietet auf 1,6 Kilometern Spielstationen und kindgerechte Informationen zum Hochmoor sowie eine tolle Sicht auf die umliegenden Berge, zum Beispiel die Mythen.

Gratwanderung zum Fronalpstock
Startpunkt: **Standseilbahn Schwyz–Stoos**
Talstation:
Grundstrasse 234
CH-6430 Schwyz
+41 41 8180808

Swiss Holiday Park
Dorfstrasse 10
CH-6443 Morschach
+41 41 8255050

66 Adlerblick auf den See

Gratwanderung zum Fronalpstock

Die spektakulärste Wanderung am Vierwaldstättersee ist der Höhenweg zum Fronalpstock mit seinem Rundblick auf die Alpen. Dazu ist allerdings die passende Ausrüstung unabdingbar: Wanderschuhe mit guter Sohle sind ein Muss für die Tour, die als T3 eingestuft ist.

Ausgangspunkt ist die Standseilbahn Schwyz–Stoos. In wenigen Minuten bringt uns die Weltrekordbahn zur Bergstation. Von dort gehen wir zu Fuss weiter zum Sessellift, der uns auf den Klingenstock befördert. Ab hier raubt uns das Panorama den Atem. Hoch oben auf dem Grat, den Vierwaldstättersee auf der einen Seite und das Muotatal auf der anderen, fühlt es sich beinahe an wie Fliegen.

Vom Klingenstock wandern wir in zwei Stunden bis zum Gipfel des Fronalpstocks. Unterwegs sichern Ketten die Strecke. Wer Fotoapparat oder Handy eingepackt hat, wird mit einmaligen Aufnahmen belohnt. Die schönsten Motive eröffnen sich von der Aussichtsplattform auf dem Fronalpstock aus, der sich zudem auch für ein Picknick eignet.

Der Fronalpstock ist 1.922 Meter hoch und seine Felswand ragt hinunter bis zur Axenstrasse und in den Urnersee. Bis zum Aufkommen des Tourismus diente der Stoos, das Gebiet um den Fronalpstock, als Sommerweide für die Bauern aus den umliegenden Dörfern. In den 1930er-Jahren wurden erste Skilifte gebaut. Seither flitzen in den Wintermonaten Skifahrer vom Fronalpstock hinunter. Der Skilift wurde inzwischen von einem Sessellift abgelöst, der uns zurück nach Stoos bringt. Für die gesamte Tour sollte man mindestens drei Stunden einrechnen, eher mehr, damit man in Ruhe die Fernblicke geniessen kann.

Wellness nach der Tour bieten die Römisch-Irischen Thermen im Swiss Holiday Park, wo man auch übernachten kann.

Hölloch Center Muotathal
Stalden 15
CH-6436 Muotathal
+41 41 3904040
Hüttenhotel Husky-Lodge
Balm 40
CH-6436 Muotathal
+41 41 8318150

67 Abenteuerliches Höhlensystem

Hölloch

Seit über 150 Jahren ist bekannt, dass es in Stalden in Muotathal einen Höhleneingang gibt. 1875 wagte sich Bauer Alois Ulrich aus dem Weiler in das Felsloch, und bald schon wurde klar, dass es sich um ein riesiges Höhlensystem mit unzähligen Gängen handelt. 1906 wurde das Hölloch für Besucher erschlossen, erste kleinere Führungen wurden durchgeführt. Allerdings eroberte sich nach nur wenigen Jahren ein Hochwasser die unterirdischen Räume zurück. Nach jahrzehntelanger Erforschung ist das Hölloch heute wieder zugänglich und seine Geschichte im Besucherzentrum erlebbar. Mittlerweile sind über 200 Kilometer bekannt. Das Hölloch gehört damit zu den längsten Höhlensystemen der Welt.

Auf drei Ebenen verlaufen Gänge, wovon einige auf abenteuerlichen Führungen erkundet werden können. Ohne erfahrene Guides ist der Besuch des Höllochs aus Sicherheitsgründen nicht erlaubt. Ausgerüstet mit Helm, Stirnlampe und wasserfester Kleidung kann es losgehen. Die kürzeste Tour dauert rund zwei Stunden und eignet sich problemlos selbst für Menschen, die an Klaustrophobie leiden. Auf längeren Rundgängen wird stellenweise geklettert und durch enge Passagen gekrochen. Die Führungen werden bei Bedarf angepasst, wenn zum Beispiel der Wasserstand in einzelnen Gängen zu hoch ist.

Es ist ein faszinierendes Erlebnis, tief in die Felsenwelt mit den aussergewöhnlichen Lichtverhältnissen einzudringen, umhüllt von steinernen Wänden und kühlem Nass. Umso erstaunlicher ist es, dass in einem der Höhlensäle auf Gruppenausflügen ein Raclette serviert wird und in einem anderen sogar Biwaks für die Übernachtung auf einer Mehrtagestour eingerichtet sind.

Ein weiteres Abenteuer wartet in der Husky-Lodge: Holzhütten mit Charme für Übernachtungsgäste, ein Restaurant und 30 sibirische Huskys.

Hohle Gasse
Artherstrasse 42
CH-6405 Immensee

Restaurant Tells Hohle Gasse
Artherstrasse 38
CH-6405 Immensee
+41 41 850 14 29

68 »Kein andrer Weg nach Küssnacht …«

Hohle Gasse

»Durch diese hohle Gasse muss er kommen. Es führt kein andrer Weg nach Küssnacht.« So heisst es bei Friedrich Schiller. Wilhelm Tell, Figur des Schweizer Gründungsmythos, Sinnbild für Unabhängigkeit und den Befreiungskampf der Eidgenossen, ist – der Legende nach im Jahr 1307 – gerade erst bei der Tellsplatte der Gefangennahme durch die Habsburger entkommen. Nun legt er sich bei der »Hohlen Gasse« zur Gesslerburg in einen Hinterhalt und wartet mit seiner Armbrust auf Heinrich Gessler, den habsburgischen Vogt, dessen Unterdrückung er nicht länger dulden möchte.

Die Hohle Gasse ist ein historischer Verkehrsweg. Sie verbindet nicht nur Küssnacht mit Immensee, sondern war auch Teil einer Handelsroute Richtung Süden zum Gotthard. Bis 1937 wurde der Pfad als Strasse benutzt, doch mit dem Aufkommen des motorisierten Verkehrs wurde eine Umfahrung gebaut. Eine Stiftung setzte sich zum Ziel, den Erhalt der geschichtsträchtigen Hohlen Gasse zu sichern. Seit 2005 ist sie nicht nur renoviert, sondern auch rollstuhlgängig. Heute finden Besucher einen kleinen Pavillon vor, in dem der Mythos um Wilhelm Tell und die Bedeutung der Hohlen Gasse geschildert werden.

Links und rechts begrenzen moosbewachsene Steinblöcke die Strecke. Sehr gut kann man sich vorstellen, wie Gessler und seine Gefolgsleute durch die Gasse ritten, nichts ahnend. Vielleicht hat eins der Pferde gescheut und es wurde zum Weitergehen angetrieben. Vielleicht lag die drohende Gefahr in der Luft. Oder aber Gessler war müde vom langen Ritt und wollte nur zurück in die Burg, um seine Stiefel auszuziehen. Dass der Pfeil des Meisterschützen ihn treffen würde, damit hatte er bestimmt nicht gerechnet.

Wer nicht beim Weg picknickt, findet im Restaurant »Tells Hohle Gasse« traditionelle Gerichte in historischem Ambiente. Das Besondere: Vom Gemüse bis zum Wein kommt alles aus der Region.

Rigi Zahnradbahn Goldau
Rigistrasse 2
CH-6410 Goldau
+41 41 3998787

Tavolata am Felsenweg
Felsenweg
CH-6356 Arth

69 Die Königin der Berge

Rigi

Man erzählt sich, dass sich ihr Name vom lateinischen Wort für »Königin« ableitet. Bemerkenswert ist auf jeden Fall, dass die Rigi weiblich ist, obwohl das, je weiter man sich von der Zentralschweiz entfernt, oft vergessen wird. Seit 1875 fährt die Zahnradbahn von Goldau auf die Rigi Kulm, die mit 1.797 Metern über dem Meeresspiegel den höchsten Gipfel des Massivs darstellt. Bereits vor der Eröffnung der Bahn wurden auf dem Berg Hotels gebaut: 1816 das erste auf der Rigi Kulm, weitere folgten kurze Zeit später.

Die Fahrt vom Bahnhof in Arth-Goldau auf die Rigi dauert eine Dreiviertelstunde. Oben angekommen, ist man in wenigen Minuten beim Sendeturm, von dessen Besucherplattform aus man einen herrlichen Rundblick geniesst. Es lohnt sich, einen der vielen Wanderwege im Gebiet zu erkunden. Eine kurze Route etwas abseits des Touristenstroms führt über den Rigi Kulm Grat zur Kulmhütte und weiter über die Alpwirtschaft Chäserenholz zur oberen Schwendihütte und über die Alpkäserei Trieb bis Rigi Klösterli hinunter. Die Tour dauert nur etwas über eine Stunde und ist auch für Anfänger geeignet. Natürlich ist, wie bei jeder Wanderung in den Bergen, gutes Schuhwerk Voraussetzung. Zu Beginn sieht man über den Zugersee auf die Mythen und den Rossberg. Der Weg verläuft weiter über Weideflächen und durch mystische Bergwälder.

Wer die Strecke gerne etwas verlängern und zum Ausgangspunkt zurückkehren möchte, wandert über den Themenweg von Rigi Klösterli über Fist, Kaltbad, Staffelhöhe und Staffel zurück nach Rigi Kulm und lernt unterwegs einiges über die Geschichte des Berges.

Einmal im Jahr findet auf dem Felsenweg die »Tavolata« statt. Statt bei sich zu Hause auf dem Balkon sitzt man an einem langen Tisch mit dem Rücken zum Felsen und geniesst ein Fünfgangmenü.

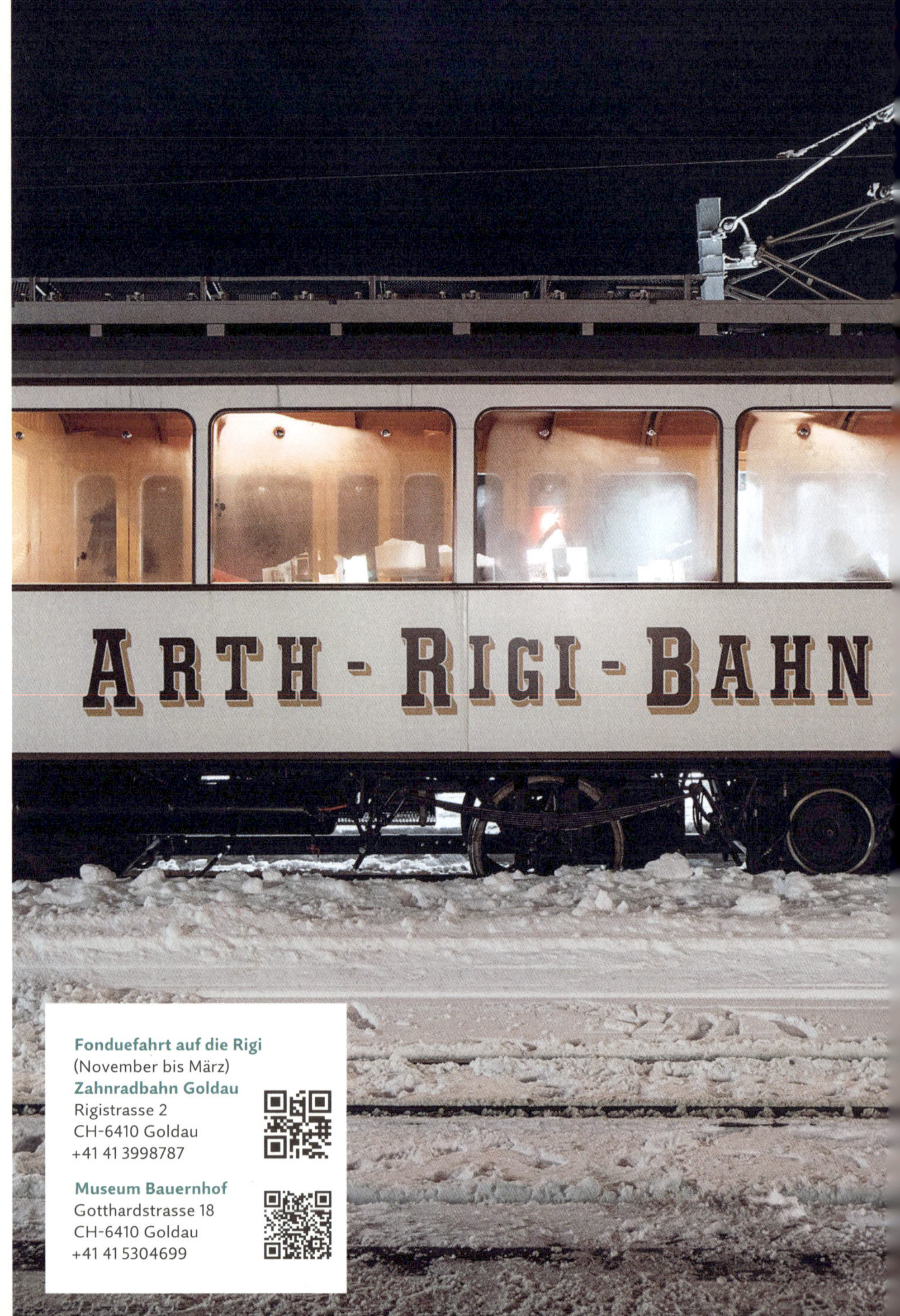

Fonduefahrt auf die Rigi
(November bis März)
Zahnradbahn Goldau
Rigistrasse 2
CH-6410 Goldau
+41 41 3998787

Museum Bauernhof
Gotthardstrasse 18
CH-6410 Goldau
+41 41 5304699

70 Plausch anno 1911

Fonduefahrt auf die Rigi

Viele Wege führen zur Königin der Berge. Eine Zahnradbahn bringt Besucher auf der ursprünglichen Verbindung von Vitznau in knapp einer Stunde auf die Rigi. Seit 1875 erschliesst zudem die Arth-Rigi-Bahn das Massiv auf der Seite des Zugersees. Zu Beginn des 20. Jahrhunderts wurde dann auf elektrische Züge umgestellt. Einer dieser alten Elektrowaggons fährt heute noch auf den Berg, und zwar im Sommer auf historischen Touren und im Winter bei Mondschein zum Fondueplausch.

Der sogenannte Triebwagen 6 ist weiss mit dunkelroter Schrift und könnte den Requisiten eines Filmes entsprungen sein. Er wurde 1911 von der Arth-Rigi-Bahn in Betrieb genommen und ist heute der älteste aktive Zahnradtriebwagen der Welt. Anders als seine Vorgänger aus dem Jahr 1907 besitzt er einen geschlossenen Wagenkasten, sodass er auch bei schlechtem Wetter genutzt werden kann und den Gästen angenehme Reisebedingungen bietet.

Es ist tatsächlich wohlig warm, als der nostalgische Zug in Goldau zur Fonduefahrt auf die Rigi aufbricht. Draussen ist es schon dunkel, die Bahn schlängelt sich den Berg hoch. Zu Beginn wird ein Apéro serviert, dann freuen sich alle auf die Fondue-Caquelons voller Rigi-Käse. Die Heizung bräuchte es jetzt fast nicht mehr, die beschlagenen Scheiben lassen die Aussenwelt bald in schummrigem Licht erscheinen.

Der Käse schmeckt köstlich und das nostalgische Ambiente versetzt einen in eine andere Zeit. Die Stimmung ist gesellig und fröhlich. Viel zu schnell ist die Reise vorüber und der Wagen 6 bringt die Gäste zurück nach Goldau, wo er im Depot auf die nächste Fonduefahrt wartet.

Die nostalgische Bahnfahrt lässt sich mit einem Besuch des »Museum Bauernhof« verbinden. Dort wird die Geschichte der Post nachgezeichnet.

Natur- und Tierpark Goldau
Parkstrasse 38
CH-6410 Goldau
+41 41 8590606

Zugersee Schifffahrt
Ableger Ecke Zuger-
strasse/Bahnhofstrasse
CH-6415 Arth
+41 41 5155858

71 Zwischen Wölfen und Alpenschweinen

Natur- und Tierpark Goldau

Einmal einem Wolf oder einem Bären in der Natur begegnen? Ganz ungefährlich ist dies im Tierpark Goldau möglich. Dort leben Europäische Wölfe und Syrische Braunbären in einer Gemeinschaftsanlage zusammen. Der Wolf verschwand Mitte des 19. Jahrhunderts aus der Schweiz, der Braunbär zu Beginn des 20. Jahrhunderts. Erst in den letzten Jahrzehnten sind die beiden Tierarten vereinzelt wieder auf dem Vormarsch durch die Alpen.

In Goldau vermittelt eine Ausstellung Wissenswertes über diese Raubtiere. Lehrreich ist ein Besuch aber auch bezüglich Wild- und Honigbienen, weiteren Insekten, einheimischen Vogelarten und vielen Haus- und Wildtieren. Im Grosswijer leben diese sogar nebeneinander. Im Haustierpark begegnen wir Eseln und Schafen, Rindern und Ziegen, auf dem Dach sind Storchennester für Wildbruten installiert. Auch hier wird der Artenschutz grossgeschrieben, und so haben vor allem seltene Tierarten ein Zuhause gefunden, die zwar aus der Schweiz kommen, dort aber nicht mehr häufig anzutreffen sind. Umso schöner ist es für den Park und die Besucher, wenn es Nachwuchs gibt. Im Stall des Haustierparks hat man von der Galerie aus einen schönen Blick auf die Muttertiere und ihre Kleinen. Hier verweilen besonders Kinder sehr gerne.

Ein Highlight sind die Schwarzen Alpenschweine, eine Rasse, die in der Schweiz bereits ausgestorben war. In den italienischen Alpen wurden vor wenigen Jahren ein paar davon entdeckt. Seither werden sie gezüchtet, um den Bestand zu erhalten. Im Tierpark Goldau kann man sie besuchen. Und weil sie so süss aussehen, wird sich bestimmt in so manchem Kinderherz der Wunsch nach einem neuen Haustier regen.

Von Arth-Goldau geht es mit dem Schiff weiter. In rund einer Stunde ist man beispielsweise in der Stadt Zug, immer die Rigi im Blick.

Foodtrail Einsiedeln
Startpunkt: **Tourist Office Einsiedeln**
Hauptstrasse 85
CH-8840 Einsiedeln
+41 71 5567755

Kloster Einsiedeln
CH-8840 Einsiedeln
+41 55 4186111

72 Kulinarisch durch die Klosterstadt

Foodtrail

Der Wallfahrtsort Einsiedeln auf der Hochebene im Kanton Schwyz ist dank seines barocken Klosters, dessen Ursprünge auf das 10. Jahrhundert zurückgehen, bekannt. Von weit her kommen zahlreiche Menschen, um den bedeutenden Bau und das umliegende Städtchen zu besichtigen. Auch Pilger auf dem Jakobsweg freuen sich bei ihrer Ankunft über den Anblick der berühmten Fassade des Benediktinerklosters. Eine besondere Tour durch Einsiedeln bietet der Foodtrail, eine kulinarische Schnitzeljagd, bei der gerätselt, gewandert, gegessen und getrunken wird. Und ganz nebenbei erfährt man so einiges über Einsiedeln.

Rund vier Stunden sollte man für den Foodtrail einrechnen. Angetreten wird er in Teams von je zwei bis sechs Personen. Der Startpunkt befindet sich in der Strasse gegenüber dem Kloster, zur gebuchten Zeit geht es los. Im Büro des Tourist Office erhält man das erste Rätsel. Die Aufgaben führen durch Einsiedeln und lassen die Teilnehmer die Klosterstadt auf unterhaltsame Art entdecken. Dafür benötigt jedes Rätselteam ein Smartphone und etwas zu schreiben. Bequeme Schuhe sind ebenfalls von Vorteil, denn die ganze Tour wird zu Fuss absolviert.

Ist ein Rätsel gelöst, gibt es den Hinweis auf die nächste Station. Dort wartet dann eine kulinarische Überraschung, auf Anfrage auch eine vegetarische oder alkoholfreie Variante. Sechs Food-Stationen besucht man auf dem Weg. An manchen Orten bekommt man etwas zu essen, an anderen etwas zu trinken und zwischendurch ein kleines Geschenk zum Mitnehmen. Wer einmal nicht weiterkommt, der ruft per QR-Code den Assistenten auf und verlässt sich auf seine Hilfe.

Das Kloster Einsiedeln ist bekannt für seine *Schwarze Madonna*, eine Statue aus dem 15. Jahrhundert, die in der Gnadenkapelle besichtigt werden kann und unzählige Pilger anzieht.

Hochmoor Rothenthurm
Startpunkt:
Bahnhof Rothenturm
Bahnhofstrasse
CH-6418 Rothenturm
+41 41 8380066 (Rothenthurm Tourismus)

Beaver Creek Ranch
Biberegg
CH-6418 Rothenturm
+41 41 8380404

73 Zu Fuss durchs grösste Hochmoor

Wanderung durch die Moorlandschaft

Zwischen Einsiedeln und Zug befindet sich das grösste zusammenhängende Hochmoor der Schweiz. Bei einer Wanderung durch die wundervolle Moorlandschaft entfliehen Sie hier oben besonders im Herbst dem Nebel, der sich in den Niederungen gerne hartnäckig hält.

Wir starten beim Bahnhof Rothenthurm und begeben uns auf eine knapp dreistündige Rundwanderung. Für das erste Wegstück folgen wir der Strasse bis Innere Altmatt und zweigen bei der Bushaltestelle »Erste Altmatt« links auf die Rossbodenstrasse ab. Wir überqueren die Bahnlinie und biegen bald darauf leicht rechts in einen Seitenweg der Rossbodenstrasse ein. Der Weg führt uns durch die Moorlandschaft über den Rossboden nahe der Grenze zum Kanton Zug. Bei der nächsten grossen Gabelung nach knapp zwei Kilometern halten wir uns rechts, bis wir nicht weit vor den Bahngeleisen wieder nach links abbiegen und kurz den Geleisen folgen. Wir gehen durch ein Stück Wald, bevor wir wieder mitten im Moor sind.

Die Landschaft des Hochmoores ist lieblich und reich an Flora und Fauna. Es lohnt sich, zwischendurch eine Rast einzulegen und einfach den Geräuschen dieses Naturschutzgebietes zu lauschen. Früher wurde hier Torf abgebaut, was man stellenweise noch an den Stichkanten sieht. Torf besteht aus unvollständig zersetzten Resten von Moorpflanzen. Der Abbau bringt unter anderem die natürliche Wasserregulierung der Hochmoore durcheinander. In Rothenturm setzte sich in den 1980er-Jahren die Bevölkerung dafür ein, dass die Moore geschützt werden und der Torfabbau verboten wird. Seit 1987 ist dies schweizweit der Fall.

Wir folgen dem Weg Richtung Altmatt. Wer genug hat, kann hier den Zug zurück nehmen. Ansonsten geht es über Äussere Altmatt, Steinstoss und Rossboden weiter durch das Moor bis Rothenthurm.

Verlängern Sie Ihr Abenteuer im grössten Hochmoor der Schweiz und schlafen Sie im Tipi oder im Stroh auf der Beaver Creek Ranch.

Morgartendenkmal
Hauptseestrasse 131
CH-6315 Morgarten

Informationen zum
Morgartenschiessen
Morgartenschützen-
verband Zug
CH-6300 Zug

74 Die Helden der Eidgenossenschaft

Morgartendenkmal

Am 15. November 1315 fand die erste Schlacht zwischen den Eidgenossen und den Habsburgern statt, ein Denkmal erinnert an sie. Bis heute sind noch einige Fragen rund um dieses Ereignis nicht vollständig geklärt. Man erzählt sich, dass verbündete Schwyzer und Urner ein von Herzog Leopold I. angeführtes Heer beim Ägerisee angegriffen und in die Flucht geschlagen haben. Zuvor war Herzog Leopold mit seinem Heer vom Aargau nach Zug gezogen, wo er in der Nacht vor der Schlacht in der Burg übernachtete. Am Folgetag machte er sich auf den Weg von Zug über Ägeri nach Morgarten, von wo aus er Richtung Schwyz vordringen und einen Überraschungsangriff starten wollte. Dabei hatte er jedoch nicht mit den Eidgenossen gerechnet, die den Rittertrupp von Herzog Leopold an einer langen, schmalen Stelle zwischen dem Ägerisee und dem Hang bei Morgarten mit Steinen und Hellebarden angriffen, sodass es kein Entkommen mehr gab.

Die Schlacht am Morgarten gilt als wichtiger Sieg in der Geschichte der Schweizer Habsburgerkriege. Herzog Leopold wurde trotz Übermacht besiegt, und es gelang ihm nicht, mit seinem Heer die Schwyzer anzugreifen. Der Sieg liess Uri, Schwyz und Unterwalden ihr Bündnis von 1291 erneuern, der Konflikt mit den Habsburgern sollte jedoch noch rund 200 Jahre weitergehen.

Zur 600-Jahr-Feier der Eidgenossenschaft wollte man der berühmten Schlacht ein Denkmal widmen. Es wurde lange beraten, an welchem Ort genau die Schlacht stattgefunden hat, bis schliesslich 1908 auf Zuger Boden ein Denkmal aus Nagelfluh errichtet wurde. Dahinter befindet sich ein kleiner Kiesplatz mit Sitzbänken und einer Säule, an der auf Knopfdruck ein Hörspiel zur geschichtsträchtigen Schlacht abgespielt wird. Von hier aus kann man dem Themenpfad zur Morgarten-Geschichte folgen.

Nahe dem Denkmal findet seit 1912 jährlich am 15. November das Morgartenschiessen statt, ein historisches Schützenfest mit über 1.200 Teilnehmenden, Festwirtschaft und Musik.

Ägeribad
Strandweg 1
CH-6315 Oberägeri
+41 41 7547500

Schiffsanlegestelle Oberägeri der Ägerisee Schifffahrt
Seestrasse
CH-6315 Oberägeri
+41 41 5155850

75 Wellness am See

Ägeribad

Der Ägerisee liegt malerisch zwischen den Hügelketten des Ägeritals am Rand des Kantons Zug. Mit seinen rund sieben Quadratkilometern Fläche ist es kein grosses Gewässer, das ein Gletscher in die Moränenlandschaft gegraben hat. Dennoch fahren seit 1890 touristische Schiffe darauf und es wird sogar heute noch Flösserei auf dem See betrieben. Ungefähr alle vier Jahre wird am südwestlichen Ufer Holz geschlagen und über den See nach Ober- und Unterägeri geflösst, wo es aus dem Wasser geholt wird. Begleitet wird diese Tradition von einem Flösserfest.

Das Schwimmen im See ist in den Sommermonaten ein beliebtes Vergnügen, etwa an der Badestelle in Oberägeri. Direkt beim Strandbad befindet sich auch das Ägeribad, das ganzjährigen Schwimmspass bietet. Neben verschiedenen Becken im Innenbereich sorgt eine rasante Rutschbahn für Kinder ab acht Jahren für pure Freude, während man von einem Aussenbecken auf den See und die gegenüberliegende Moränenlandschaft sieht. Dort macht man es sich am besten auf der Sprudelsitzbank gemütlich und schaut den Wolken beim Vorbeiziehen zu. Im Wellnessbereich kann man verschiedene Dampfbäder und Saunen geniessen, sich massieren lassen oder auf dem Panoramadeck in der Sonne liegen.

2018 wurde das Ägeribad eröffnet. Es ist das einzige Hallenbad in den Zuger Berggemeinden. Die Kombination aus Schwimmbad, Wellnessbereich und angrenzendem Seebad macht aus dem modernen Bad den perfekten Ort für einen Familienausflug.

Für die Stärkung nach dem Schwimmvergnügen sorgt das angrenzende Restaurant. Aber auch ein Spaziergang durch das malerische Oberägeri lohnt sich. Richtung Dorfbach locken mehrere Restaurants und beim Seeplatz gibt es ein Beizli.

Nur wenige Meter vom Ägeribad entfernt befindet sich die Schiffsanlegestelle. Von dort fährt man von Mai bis Oktober über den Ägerisee nach Morgarten oder Unterägeri und bewundert die umliegende Berglandschaft.

Zugerberg/Zugerbergbahn
Talstation Schönegg
Schönegg 31
CH-6300 Zug
+41 41 7115376

Hotel-Restaurant Guggital
Zugerbergstrasse 46
CH-6300 Zug
+41 41 7287417

76 Auf dem Zuger Hausberg

Zugerberg

Der Zugerberg liegt zwar gerade mal auf 925 Metern über dem Meeresspiegel, aber dafür punktet der lang gezogene Bergrücken mit einer beeindruckenden Hochmoorlandschaft, zahlreichen Wanderwegen und einer Aussicht über den Zugersee in die Alpen. Erreichbar ist der Zuger Hausberg mit der Standseilbahn ab Schönegg, mit dem Auto oder zu Fuss in einer rund dreistündigen Wanderung.

In der Nähe des Parkplatzes an der Blasenbergstrasse liegt der Paragliding-Startplatz. Auf der Anhöhe ist es enorm windig. Das Zuschauen macht trotzdem Spass. Gleitschirme werden sorgfältig ausgelegt, Schnüre sortiert. Man kennt sich untereinander, begrüsst Neuankömmlinge, die teilweise zu Fuss den Weg aus der Stadt gemacht haben. Hier könnte man verweilen.

Es gibt aber noch viel mehr zu sehen und zu erleben auf dem Zugerberg. Den Abenteuerspielplatz Schattwäldli zum Beispiel. Er ist in einem zehnminütigen Fussmarsch vom Parkplatz und einem noch kürzeren von der Bergstation der Standseilbahn aus erreichbar. Kleine Hütten, spannende Verstecke, Gänge und Brücken warten auf junge Abenteurer. Ein gedeckter Picknickplatz lädt zum Ausruhen ein.

Kinder erhalten bei der Bergstation der Zugerbergbahn eine Schatzkarte für den »Zugiblubbi Erlebnisweg«. Zugiblubbi ist ein freundlicher Moorgeist, der im Schattwäldli auf dem Zugerberg lebt. Mithilfe der Karte helfen die Kinder ihm auf dem Erlebnisweg bei der Suche nach Diamanten. Eineinhalb bis zwei Stunden müssen für die Strecke eingerechnet werden, die auch mit dem Kinderwagen machbar ist.

Im Winter ist der Erlebnisweg von der Bergstation bis zum Zugiblubbi-Haus mit Laternen beleuchtet. Der Lichterweg sorgt für eine besinnliche Stimmung und ist ein echter Geheimtipp.

Kehren Sie auf dem Rückweg in die Stadt im »Guggital« ein. Das Restaurant ist kinder- und hundefreundlich und neben dem leckeren Essen beeindruckt eine gewaltige Aussicht über den Zugersee.

Seebad Seeliken
(Badesaison: Mai bis September)
Artherstrasse 2
CH-6300 Zug
+41 79 5255970

Restaurant Theater Casino Zug
Artherstrasse 2–4
CH-6300 Zug
+41 41 7291040

77 Wo die Sonne am schönsten untergeht

Seebad Seeliken

Die schönsten Sonnenuntergänge der Schweiz sieht man bei Seeliken, heisst es. Beeindruckend sind sie auf jeden Fall, die Farbenspiele über dem Zugersee. Dazu besticht das Seebad mit seiner besonderen Lage: Mitten in der Zuger Altstadt gelegen, direkt unter dem Casino und mit Blick Richtung Westen, ist es bestens zugänglich.

Im Winter lockt seine Ruhe Spaziergänger an, die auf dem Weg durch die Altstadt einen kurzen Abstecher zum Wasser machen und den Blick über die Rigi, den Bürgenstock und den Pilatus schweifen lassen. Gerne sammeln sich die Möwen auf dem Floss, das an den letzten Sommer erinnert.

Von Mai bis September herrscht reger Badebetrieb. Während der Badesaison sind die Umkleidekabinen und die Toilettenanlage vom späten Morgen bis in den Abend hinein geöffnet. Wie in allen Zuger Seebädern kostet der Badebesuch in Seeliken nichts. Die Stadt finanziert die Bäder, sodass sie für die Bevölkerung frei zugänglich sind.

Seeliken ist die kleinste und gleichzeitig auch die traditionsreichste Badeanlage in der Stadt, sie besteht bereits seit 1882. Von der winzigen Liegewiese am Hügel unterhalb des Casinos führen steinerne Treppenstufen direkt ins Wasser. Der Nichtschwimmerbereich ist nicht gross, da der See sehr schnell abfällt. Dafür kann man vom Dreimeterbrett ins kühle Nass springen.

Im Bistro gibt es im Sommer ab und zu Livemusik und vor allem ganz viel Ferien- und Strandfeeling. Das macht Seeliken zum beliebten Treffpunkt, wo man vor oder nach dem Abendessen noch kurz schwimmen geht oder den Abend ausklingen lässt, bevor die berühmten Sonnenuntergänge alle in andächtiges Staunen versetzen.

Das Restaurant des Theater Casino Zug lädt mit seiner Terrasse und seinen kulinarischen Köstlichkeiten ein. Besonders zu empfehlen ist das Felchenfilet aus dem Zugersee, zubereitet auf Zuger Art.

Zytturm
Kolinplatz 10
CH-6300 Zug

Zug Tourismus
Bahnhofplatz
CH-6300 Zug
+41 41 5117500

78 Vom Feuerwachturm zum Chriesisturm

Zytturm

Wer den Zytturm, das Wahrzeichen in der Zuger Altstadt, besichtigen möchte, der erhält je nach Wochentag an verschiedenen Orten einen Schlüssel. Wo genau, darüber gibt die Website von Zug Tourismus Aufschluss. Das macht die Besichtigung ausgesprochen sympathisch, hat man so doch das Gefühl, für einen kurzen Moment zum Turmwächter zu werden.

Im Turm geht es die Treppe hoch, vorbei an alten Wasserschläuchen und an sehr engen Gefängniszellen, in die früher gesperrt wurde, wer sich nicht an die Stadtregeln hielt. Zuoberst in der Wachtstube wird der Aufstieg mit einem Rundblick über die Altstadt und den Zugersee belohnt. Von hier aus wurde die Zuger Bevölkerung alarmiert, wenn ein Feuer ausbrach.

Der Zytturm wurde im 13. Jahrhundert gebaut und war Teil des Mauerrings. Nachts wurde der Durchgang unter dem Turm verschlossen. Später wurde der Turm in mehreren Etappen erhöht, bis er 1557 seine heutige Form und die Wachtstube erhielt und seither stolze 52 Meter in den Himmel ragt. Seit dem späten 15. Jahrhundert kann man am Zytturm die Zeit (»Zyt«) ablesen, was ihm seinen Namen gab. Neben der grossen Uhr, die im 16. Jahrhundert angebracht wurde, gibt es auch eine kleinere astronomische Uhr mit vier Pfeilen, auf der Wochentag, Monat, Mondphase und Schaltjahr sichtbar sind.

Neben dem Dach in Blau und Weiss, den Farben Zugs, zieren die Wappen der alten Eidgenossenschaft den Turm, sichtbar vom Kolinplatz aus. Von hier lässt sich der Turm übrigens am besten fotografieren. Jeweils im Juni startet beim Zytturm der traditionelle »Chriesisturm«, ein Wettrennen, bei dem mit Leitern durch die Gassen gerannt wird. Ein sehenswertes Spektakel!

Am Sonntag nach der Fasnacht singen bei der »Chrööpfelimee« allerlei Chöre aus der Region in den Gassen der Altstadt. Im Gegenzug dazu bekommen sie Wein und Krapfen, die in Körben aus den Gebäuden heruntergelassen werden. www.schneiderzunft.ch

Treichler
Zuger Kirschtorten
Bundesplatz 3
CH-6300 Zug
+41 41 7114412

Zuger Chriesiwanderungen
Zug Tourismus
Bahnhofplatz
CH-6300 Zug
+41 41 5117500

79 Zuger Berühmtheit

Konditorei »Treichler Zuger Kirschtorten«

Über 100 Jahre alt ist die berühmte Torte aus Zug. Schon einige hundert Jahre zuvor gehörten Kirschen in allen möglichen Formen zur Zuger Kultur: als blühende Bäume im Frühling oder als Kirschwasser aus den örtlichen Destillerien. Zudem ziert die Kirsche die Ortsschilder von Zug.

Der Erfinder der Zuger Kirschtorte, Heinrich Höhn, kam mit 24 Jahren in die Stadt. Dort eröffnete er 1913 eine Konditorei in der Alpenstrasse. Zwei Jahre später bewarb er in der Zeitung seine neuste Tortenkreation: die Zuger Kirschtorte. Das Rezept stiess nicht nur bei Einheimischen auf Interesse. In den Folgejahren kamen mehr und mehr Touristen nach Zug, um von der Torte zu probieren. 1919 zog der Konditor an den Bundesplatz um, wo die berühmte Torte heute noch in der Konditorei Treichler zubereitet wird.

Die Zuger Kirschtorte besteht aus mit »Zuger Kirsch« getränktem Biskuit, zwei dünnen Japonaisböden und einer Kirsch-Buttercreme. Ausserdem ist sie mit Puderzucker bestäubt und mit einem Rautenmuster versehen. Höhn gewann mit seiner Rezeptur diverse Auszeichnungen und liess die Gestaltung der Packung schützen. Später übergab er Rezept und Geschäft an seinen Chefkonditor Jacques Treichler.

Die Torte ist im Inventar »Kulinarisches Erbe der Schweiz« aufgenommen, darf nur in Zug hergestellt werden und es muss dafür »AOP Zuger Kirsch« oder »AOP Rigi Kirsch« verwendet werden. Dadurch gehört sie offiziell zum Kulturgut von Zug. Der Torte wurde 2013 sogar ein Museum gewidmet. Es befindet sich in der Konditorei Treichler und erzählt die Geschichte der berühmten Torte. Bis heute reisen Menschen von weit her an, um ein Stück davon zu probieren. Inzwischen wird die Torte aber auch verschickt.

Die Kirschblüte lässt sich auf den Kirschwanderungen rund um Zug auf schönen Wegen erleben. Das »Chriesitelefon« gibt jeweils im April Auskunft über den Stand der Kirschblüte.

Villettepark
Villette
CH-6330 Cham

Gelateria iisCHUE
(Frühjahr–Herbst)
Neudorf Center
Zugerstrasse 17
CH-6330 Cham
+41 79 5858686

80 Flanieren am See

Villettepark

Schöne Spaziergänge am See mit einer stattlichen Villa als Kulisse – das bietet die Parkanlage rund um die Villa Villette. Unweit des Zentrums von Cham ist man trotzdem mitten im Grünen. Eine Brücke führt zu einer kleinen Insel, wo sich Enten tummeln und kleine Kinder den Tieren beim Schwimmen zusehen. Kein Wunder, dass Einheimische und Touristen hier gerne Zeit verbringen.

Der Villettepark rund um die namensgebende Villa wurde 1865 vom berühmten Gartenarchitekten Theodor Froebel im englischen Stil entworfen. Froebel war Universitätsgärtner in Zürich und hatte dort etwa den Botanischen Garten gestaltet. In der Chamer Parkanlage entdeckt man beim Spazieren mitunter exotische Baumarten. Kleine Täfelchen verraten ihre Namen.

Der Park war bis nach dem Zweiten Weltkrieg in Privatbesitz. Öffentlich zugänglich war damals nur ein Stück Seeufer östlich der Lorze. Dort befinden sich heute das Freibad und die grosse Wiese. Ab 1948 begann die Gemeinde Cham, den Park sukzessive aufzukaufen, um ihn komplett ihren Bürgern zur Verfügung stellen zu können. Es dauerte aber einige Jahrzehnte, bis schliesslich 1981 die Villa und die letzten Teile des Parks an die Gemeinde gingen. Rund 46.000 Quadratmeter ermöglichen heute Erholung, gemütliches Flanieren und ausgelassenes Spielen am Zugersee.

Für Kinder ausgesprochen spannend ist der Spielplatz, den die Gemeinde bereits in den 1970er-Jahren bauen liess. Ein grosses Piratenschiff lädt zum fantasievollen Spielen ein, Holzschnipsel vom Boden verwandeln sich dabei gerne mal in einen Goldschatz, den es zu bewachen gilt.

Mitten in Cham produziertes Eis ist bei der »iisCHUE« – der Eiskuh – erhältlich. Zwei passionierte Eisliebhaber entwickelten die Rezepturen für die verschiedenen Sorten, alle bio und frisch hergestellt.

Information

Gäste-Service Rigi
Villette
CH-6356 Rigi Kaltbad
+41 41 399 87 87
www.rigi.ch

Gäste-Service Vitznau
Bahnhofstrasse 7
CH-6354 Vitznau
+41 41 399 87 87
www.weggis-vitznau.ch

Nidwalden Tourismus
Bahnhofplatz 2
CH-6370 Stans
+41 41 610 88 33
www.nidwalden.com/de

Obwalden Tourismus
Bahnhofplatz 1
CH-6060 Sarnen
+41 41 6665040
www.obwalden-tourismus.ch/de

Schwyz Tourismus AG
Zeughausstrasse 10
CH-6430 Schwyz
+41 41 8555950
www.schwyz-tourismus.ch/de

Seetal Tourismus
Niederlenzerstrasse 25
CH-5600 Lenzburg
+41 41 9204529
www.seetaltourismus.ch/de

Sempachersee Tourismus
Länggasse 3
CH-6208 Oberkirch
+41 41 9204444
www.sempachersee-tourismus.ch/de

Sörenberg Flühli Tourismus
Rothornstrasse 21
CH-6174 Sörenberg
+41 41 4881185
www.soerenberg.ch/de

Tourist Information Luzern
Zentralstrasse 5
CH-6002 Luzern
+41 41 2271717
www.luzern.com/de

Tourist Information Weggis
Seestrasse 5
CH-6353 Weggis
+41 41 2271800
www.weggis-vitznau.ch

Tourist Office Einsiedeln
Hauptstrasse 85
CH-8840 Einsiedeln
www.eyz.swiss/de

Uri Tourismus AG
Schützengasse 11
CH-6460 Altdorf
+41 41 8748000
www.uri.swiss/de

Verkehrsverein Urnerboden
CH-8751 Urnerboden
+41 79 4316454
https://urnerboden.ch

Willisau Tourismus
Postplatz 2
CH-6130 Willisau
+41 41 9702666
www.willisau-tourismus.ch/de

Zug Tourismus
Bahnhofplatz
CH-6300 Zug
+41 41 5117500
www.zug-tourismus.ch

Besichtigen

Alpineum Luzern
Denkmalstrasse 11
CH-6006 Luzern
+41 41 4106266
www.alpineum.ch

Auslandschweizerplatz
Föhnhafen 1
CH-6440 Brunnen
+41 41 8250040
www.auslandschweizerplatz.ch

Bourbaki Panorama
Löwenplatz 11
CH-6004 Luzern
+41 41 4123030
www.bourbakipanorama.ch

Bundesbriefmuseum
Bahnhofstrasse 20
CH-6430 Schwyz
+41 41 819 20 64
www.bundesbrief.ch

Burg Landenberg
Landenbergstrasse
CH-6060 Sarnen
www.sarnen.ch

Bürgenstock
CH-6363 Obbürgen
+41 41 612 60 00
https://burgenstockresort.com/de

Burgruine Attinghausen
Schulhausweg 9
CH-6468 Attinghausen
www.attinghausen.ch

Festung Fürigen
Kehrsitenstrasse
CH-6362 Stansstad
+41 41 618 73 60
www.nidwaldner-museum.ch

Geografischer Mittelpunkt der Schweiz
Älggialp
CH-6072 Sachseln
+41 41 666 50 40
www.obwalden-tourismus.ch

Glaserei Hergiswil
Seestrasse 12
CH-6052 Hergiswil
+41 41 632 32 32
www.glasi.ch

Gletschergarten Luzern
Denkmalstrasse 4
CH-6006 Luzern
+41 41 4104340
https://gletschergarten.ch

Gotthardtunnel-Erlebnis
Startpunkt: Bahnhof Erstfeld
Gotthardstrasse 93
CH-6472 Erstfeld
+41 41 8748000
(Uri Tourismus)
www.tunnel-erlebnis.ch

Historisches Museum Obwalden
Brünigstrasse 127
CH-6061 Sarnen
+41 41 660 65 22
www.museum-obwalden.ch

Historisches Museum Uri
Gotthardstrasse 18
CH-6460 Altdorf
+41 41 8701906
www.hvu.ch

Hochmoor Rothenthurm
Startpunkt:
Bahnhof Rothenturm
Bahnhofstrasse
CH-6418 Rothenturm
+41 41 8380066 (Rothenthurm Tourismus)
www.erlebnisregion-mythen.ch

Hohle Gasse
Artherstrasse 42
CH-6405 Immensee
www.hohlegasse.ch

Kapellbrücke Luzern
CH-6002 Luzern
www.kapellbruecke.com

Kirche von Wassen
Kirchgasse 2
CH-6484 Wassen
www.wassen.ch

Kloster Einsiedeln
CH-8840 Einsiedeln
+41 55 4186111
www.kloster-einsiedeln.ch

Kloster Engelberg
Benediktinerkloster 1
CH-6390 Engelberg
+41 41 639 61 61
www.kloster-engelberg.ch

Kloster Werthenstein
Oberdorfstrasse 9
CH-6106 Werthenstein
+41 41 4901265
www.kloster-werthenstein.ch

Kunstmuseum Luzern
Europaplatz 1
CH-6002 Luzern
+41 41 2267800
www.kunstmuseumluzern.ch

Löwendenkmal
Denkmalstrasse 4
CH-6002 Luzern
+41 41 2271717
www.luzern.com

Morgartendenkmal
Hauptseestrasse 131
CH-6315 Morgarten
www.morgarten.ch

Museum Bauernhof
Gotthardstrasse 18
CH-6410 Goldau
+41 41 5304699
www.kimmelstiftung.ch

Pfarr- und Wallfahrtskirche Sachseln
Am Dorfplatz
CH-6072 Sachseln
+41 41 660 44 18
https://bruderklaus.com

Planetarium im Verkehrshaus der Schweiz
Haldenstrasse 44
CH-6006 Luzern
+41 41 3757575
www.verkehrshaus.ch

Reuss-/Nadelwehr Luzern
Reusssteg
CH-6003 Luzern
www.luzern.com

Römischer Gutshof Ottenhusen
Römerweg
CH-6275 Ballwil
www.gutshof-ottenhusen.ch

Rütli
Am Schiffsanleger Rütli
CH-6441 Seelisberg
+41 41 8748000 (Uri Tourismus)
www.uri.swiss

Schloss Rudenz
Flüelerstrasse
CH-6454 Flüelen
www.flueelen.ch

St. Peterskapelle
Kapellplatz 1a
CH-6004 Luzern
+41 41 2299050
www.kathluzern.ch

Staatsarchiv Obwalden (Führung)
St. Antonistrasse 4
CH-6060 Sarnen
+41 41 666 62 14
www.ow.ch

Stanser Hörgänge
Startpunkt: Dorfplatz
CH-6370 Stans
www.wortspielerei.ch/stanserhoergaenge

Tal Museum Engelberg
Dorfstrasse 6
CH-6390 Engelberg
+41 41 637 04 14
www.talmuseum.ch

Telldenkmal
Rathausplatz
CH-6460 Altdorf
www.telldenkmal.ch

Tell-Museum Bürglen
Postplatz
CH-6463 Bürglen
+41 41 8704155
www.tellmuseum.ch

Tellsplatte
Axenstrasse
CH-6452 Sisikon
www.uri.swiss

Teufelsbrücke
Gotthardstrasse
CH-6490 Andermatt
+41 41 8887100 (Andermatt-Urserntal Tourismus)
www.andermatt.ch

Untertor Willisau
Hauptgasse
CH-6130 Willisau
www.willisau-tourismus.ch

Villettepark
Villette
CH-6330 Cham
www.cham.ch

Zytturm Zug
Kolinplatz 10
CH-6300 Zug

Aktivitäten

Ägeribad
Strandweg 1
CH-6315 Oberägeri
+41 41 7547500
www.aegeribad.ch

Alpnachersee Alpnachstad
Startpunkt:
Bootssteg Alpnachstad
Niederstad
CH-6053 Alpnach

Alter Brünig-Saumweg
Startpunkt: Chnewisstrasse
CH-6078 Lungern
www.erlebnisausstellung.ch

Aussichtspunkt Chälrütirank
Brünigstrasse
CH-6078 Lungern

Aussichtspunkt Kreuz
Gitschentalstrasse
CH-6462 Seedorf

Badeinseln Lorelei im Reussdelta
Wyerstrasse 65
CH-6462 Seedorf

Dampfbahn Furka-Bergstrecke
Schweigstrasse 11
CH-6491 Realp
+41 848 000144
www.dfb.ch

Disc Golf Stans
Engelbergstrasse 52
CH-6370 Stans
www.discgolfstans.ch

Erinnerungsweg am Bürgenberg
Startpunkt: Schnitzturm
Fischergasse
CH-6362 Stansstad
www.franzoseneinfall.ch

Flying Fox Parcours
Dorfstrasse 10
CH-6443 Morschach
+41 41 8255450
www.flying-fox.ch

Foodtrail Einsiedeln
Startpunkt:
Tourist Office Einsiedeln
Hauptstrasse 85
CH-8840 Einsiedeln
+41 71 5567755
www.foodtrail.ch

Foxtrail Zeus Luzern
Startpunkt: Bahnhof Luzern
Zentralstrasse 1
CH-6003 Luzern
+41 58 5107400
www.foxtrail.ch

Gotthard-Panoramastrecke
Schweizerische Südostbahn
Bahnhofplatz 1a
CH-9001 St. Gallen
+41 58 5807070
www.sbb.ch

Gratwanderung Fronalpstock
Startpunkt: Standseilbahn Schwyz–Stoos
Talstation: Grundstrasse 234
CH-6430 Schwyz
+41 41 8180808
www.stoos.ch

Gütschbahn
Baselstrasse 21a
CH-6003 Luzern
+41 41 2891414
www.chateau-guetsch.ch

Handwärchweg – Handwerkerweg
Startpunkt: Postautohaltestelle Chäppeli oder St. Jakob
CH-6461 Isenthal
+41 79 5104958 (Isenthal Tourismus)
www.isenthal.ch

Hölloch Center Muotathal
Stalden 15
CH-6436 Muotathal
+41 41 3904040
www.trekking.ch

Jakobsweg/Etappe Werthenstein–Willisau
Startpunkt: Kloster Werthenstein
https://jakobsweg.ch

Kanutfahrt Alte Handelsroute
Adventure Point & Kanustation Brunnen
Föhnhafen 6
CH-6440 Brunnen
+41 79 2477472
www.adventurepoint.ch

Kanufahrt Vierwaldstättersee
Kanuwelt Buochs
Seefeld 8
CH-6374 Buochs
+41 78 635 24 14
www.kanuwelt.ch

KKL Luzern
Europaplatz 1
CH-6005 Luzern
+4141 2267777
www.kkl-luzern.ch

Luftseilbahn Attinghausen Brüsti
Kohlplatz
CH-6468 Attinghausen
+41 41 8701461
www.brüsti-surenenpass.ch/seilbahn

Luftseilbahn Bristen–Waldiberg
Dorf
CH-6475 Silenen-Bristen
+41 79 691 54 23
http://www.seilbahn-waldiberg.ch

Luftseilbahn Haldi
Wyergasse 2
CH-6467 Schattdorf
+41 41 8702109
www.haldi-uri.ch

Lungernsee
Rund um das Fischerparadies Lungern
Bürglenstrasse 14
CH-6078 Bürglen
+41 41 678 01 01
www.fischerparadies.ch

Mark-Twain-Weg
Startpunkt:
Mark-Twain-Gedenktafel
Gotthardstrasse 39
CH-6353 Weggis
www.weggis-vitznau.ch

Mooraculum
Neben dem Erlebnis-Restaurant Rossweid
Rossweid 1
CH-6174 Sörenberg
+41 41 4881470
www.soerenberg.ch

Moorweg Stoos-Seeli
Startpunkt: Ringstrasse 79
CH-6433 Stoos
www.stoos-muotatal.ch

Natur- und Tierpark Goldau
Parkstrasse 38
CH-6410 Goldau
+41 41 8590606
www.tierpark.ch

Naturwaldreservat Untere Nas
Untere Nas
CH-6373 Ennetbürgen
+41 41 624 40 10
www.ennetbuergen.ch

Neubad
Bireggstrasse 36
CH-6003 Luzern
+41 41 3606066
www.neubad.org

Pilatus/-bahn
Brünigstrasse 2
CH-6053 Alpnach
+41 41 329 13 13
www.pilatus.ch

Postautofahrt ins Isenthal
Startpunkt: Haltestelle Isleten, Seegarten
Bauenstrasse
CH-6461 Isleten
www.sbb.ch

Pumptrack Grundmatte
Allmendstrasse
CH-6467 Schattdorf
www.urbikers.ch

Rigi/Zahnradbahn Goldau
Rigistrasse 2
CH-6410 Goldau
+41 41 3998787
www.rigi.ch

Rigi/Zahnradbahn Vitznau
Bahnhofstrasse 7
CH-6354 Vitznau
+41 41 3998787
www.rigi.ch

Risletenschlucht
Startpunkt: Luftseilbahn
Beckenried–Klewenalp
Kirchweg 27
CH-6375 Beckenried
+41 41 624 66 01
www.regionklewenalp.ch

Rodelbahn Rischli
Rischlistrasse 88
CH-6174 Sörenberg
+41 41 4882121
www.soerenberg.ch

Schifffahrt Vierwaldstättersee
Startpunkt: Abfahrtsbrücken
Luzern
Landungsbrücke 1
(Bahnhofsplatz)
CH-6002 Luzern
+41 41 3676767
www.lakelucerne.ch

Schifffahrt Ägerisee
Ableger Oberägeri
Seestrasse
CH-6315 Oberägeri
+41 41 5155850
www.aegerisee-schifffahrt.ch

Schifffahrt Zugersee
Ableger Ecke Zugerstrasse/
Bahnhofstrasse
CH-6415 Arth
+41 41 5155858
www.zugersee-schifffahrt.ch

Schlitteln auf der Passstrasse
Furkastrasse
CH-6491 Realp

Schmetterlingspfad Lungern–Giswil
Startpunkt:
Lungern-Turren-Bahn
Wichelstrasse 2
CH-6078 Lungern
+41 41 679 01 11
https://turren.ch/
schmetterlingspfad

Schmugglerwege Trübsee
Startpunkt: Titlis Bergbahnen
Gerschnistrasse 12
CH-6391 Engelberg
+41 41 639 50 50
www.titlis.ch

Schneeschuhwanderung mit Fondue
Startpunkt: Hotel Sporting
Dorfstrasse 62
CH-6196 Marbach
www.hotelsporting.ch

Schnitzeljagd Erstfeld explosiv!
Startpunkt: Bahnhof Erstfeld
Gotthardstrasse 93
CH-6472 Erstfeld
www.erstfeldexplosiv.ch

Schweizerische Vogelwarte
Luzernerstrasse 6
CH-6204 Sempach
+41 41 4629700
www.vogelwarte.ch

Seebad Seeliken
Artherstrasse 2
CH-6300 Zug
+41 79 5255970
www.seeliken.ch

Seelisberger Dorfrundgang
Startpunkt: Bergstation
Treib-Seelisberg-Bahn
Bahnhofplatz 1
CH-6377 Seelisberg
+41 41 8201563
www.seelisberg.com

Seelisbergsee beim Naturcampingplatz
Seelistrasse 4
CH-6377 Seelisberg
+41 41 8203596
www.seelisberg.com

Spaziergang Flüeli-Ranft
Zur Zelle von Bruder Klaus
Ranftweg
CH-6073 Sachseln
+41 41 660 44 18
https://bruderklaus.com

Spaziergang Naturschutzgebiet Hopfräben
Startpunkt:
Strandbad Hopfräben
Gersauerstrasse 83
CH-6440 Brunnen
www.ingenbohl.ch

Spaziergang Sarnersee
Seeweg
CH-6072 Sachseln

Spielmuseum Gameorama
Hirschengraben 41
CH-6003 Luzern
+41 41 5417609
www.gameorama.ch

Standseilbahn Schwyz–Stoos
Talstation: Grundstrasse 234
CH-6430 Schwyz
+41 41 8180808
www.stoos.ch

Stanserhorn/-bahn
Talstation:
Stansstaderstrasse 19
CH-6370 Stans
+41 41 618 80 40
www.stanserhorn.ch

Strandbad Aufschütte – Ufschötti
Alpenquai
CH-6005 Luzern
www.badi-info.ch

Strandbad Hopfräben
Gersauerstrasse 83
CH-6440 Brunnen
+41 41 8202146
www.ingenbohl.ch

Strandbad Lido Luzern
Lidostrasse 6a
CH-6006 Luzern
+41 41 3703806
www.lido-luzern.ch

Titlis Cliff Walk
Gerschnistrasse 12
CH-6391 Engelberg
+41 41 639 50 50
www.titlis.ch

Treib-Seelisberg-Bahn
Schiffsstation Treib
CH-6377 Seelisberg
+41 41 8201563
www.seelisberg.com

Weg der Schweiz/ Etappe 2: Bauen–Flüelen
Startpunkt: Im Dorf (Schiffsanlegestelle)
CH-6466 Bauen
www.weg-der-schweiz.ch

Weg der Schweiz/ Etappe 3: Flüelen–Sisikon
Startpunkt: Bahnhof Flüelen
Bahnhofstrasse
CH-6454 Flüelen
www.weg-der-schweiz.ch

Weg der Schweiz/ Etappe 4: Sisikon–Brunnen
Startpunkt: Bahnhof Sisikon
Bahnhofstrasse
CH-6452 Sisikon
www.weg-der-schweiz.ch

Zuger Chriesi-wanderungen
Bahnhofplatz
CH-6300 Zug
+41 41 5117500
www.zug-tourismus.ch

Zugerberg/-bahn
Talstation Schönegg
Schönegg 31
CH-6300 Zug
+41 41 7115376
www.zbb.ch

Essen und Trinken

Alpkäserei Fluonalp
CH-6074 Giswil
+41 41 675 26 59
www.fluonalp.ch

Alpkäserei Urnerboden
Klausenstrasse 29
CH-8751 Urnerboden
+41 055 6432485
www.alpkaeserei-urnerboden.ch

Badibeizli Alpnachstad
Staderried 6
CH-6053 Alpnach
+41 670 1379
www.alpnachbadibeizli.ch

Bergrestaurant Oberaxen
Talstation: Axenstrasse 100
CH-6454 Flüelen
+41 41 8709312
www.oberaxen.ch

Café Amrein
Hauptgasse 24
CH-6130 Willisau
+41 41 9701114
www.willisauerringli.ch

Culinarium Alpinum
Mürgstrasse 18
CH-6370 Stans
+41 41 619 17 17
www.culinarium-alpinum.com

Feuerstelle Axenstein
CH-6443 Morschach
www.schweizerfeuerstellen.ch

Fonduefahrt auf die Rigi
Zahnradbahn Goldau
Rigistrasse 2
CH-6410 Goldau
+41 41 3998787
www.rigi.ch

Gasthaus Restaurant Ottenhusen
Brunnenweg 4
CH-6275 Ballwil
+41 41 5458388
https://ottenhusen.ch

Gelateria iisCHUE
Neudorf Center
Zugerstrasse 17
CH-6330 Cham
+41 79 5858686
www.iis-chue.ch

Haldihof
Halde
CH-6353 Weggis
www.haldihof.ch

Hotel-Restaurant Guggital
Zugerbergstrasse 46
CH-6300 Zug
+41 41 7287417
www.hotel-guggital.ch

Kaffeebar 13/15
Poststrasse 4
CH-6060 Sarnen
+41 41 660 27 27
www.kaffeerösterei-1315.ch

Klewenalp
Luftseilbahn Beckenried-Klewenalp
Kirchweg 27
CH-6375 Beckenried
+41 41 6246600
www.klewenalp.ch

Kulturhof Hinter Musegg
Diebold-Schilling-Strasse 13
CH-6004 Luzern
+41 77 5005648 (Hofbeiz)
www.hinter-musegg.ch

Restaurant Kaiserstuhl
Brünigstrasse 232a
CH-6078 Bürglen
+41 41 310 13 13
www.sinnvollgastro.ch

Restaurant Mill'feuille
Mühlenplatz 6
CH-6004 Luzern
+41 41 4101092
www.millfeuille.ch

Restaurant Tells Hohle Gasse
Artherstrasse 38
CH-6405 Immensee
+41 41 850 14 29
www.tellshohlegasse.ch

Restaurant Theater Casino Zug
Artherstrasse 2–4
CH-6300 Zug
+41 41 7291040
www.theatercasino.ch

Restaurant Urmiberg
Startpunkt: Seilbahn Brunnen-Urmiberg
Schillerweg 2
CH-6440 Brunnen
+41 41 8201405
www.urmiberg.ch

Seebistro LUZ
Landungsbrücke 1 (Bahnhofsplatz)
CH-6002 Luzern
+41 79 8409428
www.luzseebistro.ch

Tavolata am Felsenweg
Felsenweg
CH-6356 Arth
www.gewerbeverein-rigi.ch

Treichler Zuger Kirschtorten
Bundesplatz 3
CH-6300 Zug
+41 41 7114412
www.treichler-zuger-kirschtorte.ch

Einkaufen

Bauernhof Birkenhof
Birkenhof 1
CH-6174 Sörenberg
+41 41 4881377
www.birkenhof.ch

Bergkäserei Aschwanden
Zingelstrasse 3
CH-6377 Seelisberg
+41 41 8203060
www.bergkaese.ch

Bergkäserei Marbach
Dorfstrasse 16
CH-6196 Marbach
+41 34 4933144
www.kaeserei-marbach.ch

Sportgeschäft 3Sixty
Dorfplatz 6
CH-6370 Stans
+41 41 612 00 77
www.3sixty.ch/stans

Tellbeck
Gotthardstrasse 67
CH-6473 Silenen
+41 41 8831105
www.tellbeck.ch

Victorinox Factory Store
Schmiedgasse 57
CH-6438 Ibach
+41 41 818 12 99
www.victorinox.com

Unterkünfte

Beaver Creek Ranch
Biberegg
CH-6418 Rothenturm
+41 41 8380404
www.beavercreek.ch

Boutique Hotel The River House
Gotthardstrasse 58
CH-6490 Andermatt
+41 41 8870025
www.theriverhouse.ch

Campus Hotel Hertenstein
Hertensteinstrasse 156
CH-6353 Weggis
+41 41 3997171
www.campus-hotel-hertenstein.ch

Gasthaus Älggialp
Älggi 1
6072 Sachseln
+41 41 675 13 62
www.aelggialp.swiss

Glamping am Hotel Vitznauerhof
Seestrasse 80
CH-6354 Vitznau
+41 41 3997777
www.vitznauerhof.ch

Hotel Paxmontana
Dossen 1
CH-6073 Sachseln
+41 41 666 24 00
www.paxmontana.ch

Hotel Sporting
Dorfstrasse 62
CH-6196 Marbach
+41 34 4933686
www.hotelsporting.ch

Hotel-Restaurant Zwyssighaus
Im Dorf 10
CH-6466 Bauen
+41 41 8781177
www.zwyssighaus.ch

Hüttenhotel Husky-Lodge
Balm 40
CH-6436 Muotathal
+41 41 8318150
www.erlebniswelt.ch

Schlafen im Stroh Bauernhof Salwideli
Salwidelistrasse
CH-6174 Sörenberg
+41 41 4881558
www.bauernhof-salwideli.ch

Seehotel Pilatus
Seestrasse 34
CH-6052 Hergiswil
+41 41 632 30 30
www.pilatushotel.ch

Swiss Holiday Park
Dorfstrasse 10
CH-6443 Morschach
+41 41 8255050
www.swissholidaypark.ch

TCS Camping Buochs
Seefeld 4
CH-6374 Buochs
+41 41 620 34 74
www.tcs-camping.ch/buochs

TCS Camping Sempach
Seelandstrasse 6
CH-6204 Sempach
+41 41 4601466
www.tcs.ch

Wanderlust Guesthouse
Parkstrasse 29
CH-6353 Weggis
+41 41 3901131
www.wanderlust-guesthouse.ch

Wissig-Hof
Wissigstrasse 14
CH-6377 Seelisberg
+41 79 7770376
www.stroh-traum.ch

Veranstaltungen

Morgartenschiessen
(15. November)
Morgartenschützenverband wZug
CH-6300 Zug
www.morgartenschiessen.ch

Heirassa Festival
(Sommer)
CH-6353 Weggis
+41 41 2271800
www.heirassa-festival.ch

Lilu Lichtfestival Luzern
(Januar)
CH-6003 Luzern
+41 2271717
www.lichtfestivalluzern.ch

Luzern Live
(Sommer)
Tribschenstrasse 1
CH- 6005 Luzern
www.luzern-live.ch

Lucerne Festival
(Frühling/Sommer/Herbst)
Hirschmattstrasse 13
CH-6002 Luzern
+41 41 2264400
www.lucernefestival.ch

Lucerne Regatta am Rotsee
(Frühling/Sommer)
Am Rotsee
CH-6000 Luzern
+41 41 2104333
www.lucerneregatta.com

Pfingstmarkt Vitznau
(Pfingstsamstag)
Bahnhofstrasse
CH-6354 Vitznau
+41 79 377 63 08
www.weggis-vitznau.ch

Zuger Chriesimärt
(Juni)
CH-6302 Zug
+41 723 68 00
www.zugerchriesi.ch

Sandra Rutschi, Andreas Blatter
Lieblingsplätze rund um Bern
192 Seiten, 14 x 21 cm
Klappenbroschur
ISBN 978-3-8392-0219-7

Die beliebte Berner Jodelhymne bringt es auf den Punkt: Das »Bärnbiet« bietet alles, was das Herz begehrt! Die Region zwischen Alpen und Jurafelsen spiegelt die bunte Schweiz im Kleinen wider. Grüne Wälder, weiße Gipfel, blaue Seen sowie traditionelles Handwerk, gesellige Feste und leckere »Mümpfeli« locken ins Umland der Hauptstadt. Entdecken Sie Lieblingsplätze im gesamten Bernbiet und lassen Sie sich von manchem Geheimtipp überraschen.

BERNBIET

GMEINER